NI COUPABLES NI RESPONSABLES

Guillaume Perrault

NI COUPABLES NI RESPONSABLES

Albin Michel

Introduction

Plus c'est gros, mieux ça passe. Les maires l'ont bien compris. A la fin des années 90, les élus locaux se présentent à leurs concitoyens comme des héros persécutés. Dans les trente-six mille communes du pays, c'est un cri d'angoisse unanime : tous les maires risquent de coucher en prison demain.

Avec des trémolos dans la voix, les édiles dépeignent leur vie misérable : ils sont traqués par des juges d'instruction avides de notoriété, mis en examen dès qu'une branche tombe sur la chaussée et blesse un passant, cloués au pilori par la presse au moindre incident. Une vie de chien ! Un sacrifice de tous les instants !

« Le maire est en sursis permanent, écrivait alors un intellectuel. Son mandat devient impossible. Lui, la figure de la démocratie locale, est désigné comme le bouc émissaire de tous les maux. Comment peut-il savoir tout ce qui se passe dans sa commune, être mis en cause dès qu'un accident se produit, répondre de la moindre imprudence [1] ? »

Une exagération ? Pire : une proclamation fausse, dénuée de toute réalité. Qu'on en juge : de 1995 à 1999, seuls quatorze maires sur trente-six mille avaient été condamnés pour homicide involontaire, soit moins de quatre maires par an. La sanction a toujours été légère : une petite amende, ou une peine de prison avec sursis, ce qui signifie qu'on n'est pas incarcéré. Aucun de ces maires n'a été embastillé ou déchu de ses fonctions. Trente-quatre autres élus locaux, eux aussi mis en cause, ont été blanchis par les policiers ou les juges[2]. Des chiffres dérisoires, quand on sait que quatre cent mille jugements correctionnels sont rendus chaque année.

Il n'y a donc pas de harcèlement judiciaire des élus locaux. La « dérive à l'américaine » de la justice française est un mythe. Les maires sont simplement passés de l'impunité à une responsabilité minimale, rien de plus. Ce progrès de la démocratie a été imposé par l'opinion. Les juges n'ont fait qu'appliquer la loi, en ayant conscience de marcher sur des œufs.

C'était déjà trop pour les élus, qui ont alors réclamé une réforme pour les protéger et l'ont obtenue : une loi est adoptée à l'unanimité par le Parlement le 10 juillet 2000 dans l'indifférence générale. Désormais, la condamnation d'un maire, responsable d'un accident mortel dans sa commune, est quasiment impossible.

Ce n'est pas tout. L'opinion a cru que ce texte était réservé aux maires. En réalité, il s'applique à l'ensemble des dirigeants publics : présidents de conseils généraux et de régions, préfets, hauts fonctionnaires des ministères parisiens et jusqu'aux ministres eux-mêmes. Tous ont, désormais, la certitude que la justice ne peut plus les atteindre, même si leurs erreurs ou leurs fautes entraînent la mort d'innocents.

Sous prétexte de sauver les petits maires, la France

d'en haut a assuré son impunité. Si un drame comme Furiani – ce stade qui s'est effondré en Corse en mai 1992 – se reproduit demain, seuls les lampistes pourront être condamnés. La nouvelle loi va aussi envoyer au pilori tous les scandales de santé publique. L'affaire du sang contaminé a déjà été enterrée et d'autres vont suivre. Il n'y aura pas de procès de la vache folle, pas de procès de l'amiante. Trop pénibles, ces scandales vont être refoulés sans que les responsabilités soient établies et les enseignements dégagés pour l'avenir.

Il fallait bien rendre présentables ces pratiques douteuses. Les élus ont donc cherché à compromettre le maximum de professions en les faisant bénéficier des mêmes privilèges indus. La nouvelle législation s'applique ainsi à l'enseignant tenu de veiller sur ses élèves, au médecin responsable de ses patients, au chef d'entreprise chargé d'assurer la sécurité au travail. Tous peuvent maintenant manquer à leurs devoirs sans craindre d'être condamnés.

Cette loi protège enfin les responsables d'accidents de transport. Que deux trains de la SNCF entrent en collision comme à la gare de Lyon en 1988, faisant cinquante-six morts, qu'un Airbus s'écrase sur le mont Sainte-Odile à cause d'une accumulation de négligences, que quarante automobilistes trouvent la mort dans l'incendie du tunnel du Mont-Blanc, autant de situations où les dirigeants des entreprises en cause échapperont à toute sanction.

Les retombées de ce texte sur la vie quotidienne des Français seront immenses. Pour assurer leur confort, les élus ont spolié les victimes de leur droit à la justice, bradé la sécurité de leurs concitoyens et créé une irresponsabilité générale. Chacun d'entre nous est concerné.

1

Quand les élites découvrent le cachot

Ce 16 janvier 2002, à l'Assemblée nationale, on se pressait pour assister à un colloque sur la justice, salle Victor-Hugo, à deux pas de la place du Palais-Bourbon. La Conférence des bâtonniers[1], instigatrice de l'événement, a réuni tous ceux qui comptent chez les juges, les avocats et les élus. Grands flics et officiers supérieurs de la gendarmerie sont présents. Au journaliste invité à animer les débats, les organisateurs avaient fait cette recommandation : « Votre rôle est de casser la langue de bois. Si ça ronronne, mettez les pieds dans le plat. » Ils allaient être servis.

Quand vient son tour de prendre la parole, le journaliste pose une question simple : comment expliquer l'intérêt nouveau des politiques pour la justice ? Après quelques précautions oratoires, il se risque à un constat : « Les droits de la défense ont été renforcés à partir du moment où des élus ont été mis en cause. Dans le passé, députés et sénateurs ne pouvaient pas s'identifier aux personnes placées en garde à vue ou incarcérées. Désormais, si. Cette identification est lourde de conséquences. »

Aussitôt, le tollé est général chez les politiques, alors que policiers, juges et avocats sourient. La vice-présidente de l'Assemblée nationale, Christine Lazerges (PS, Hérault), prend la parole et agresse son contradicteur. « C'est scandaleux ! Est-ce que vous croyez qu'en réformant la procédure pénale, les élus veulent se protéger ? C'est nous faire injure ! » Pendant que Christine Lazerges joue la scène de l'honneur bafoué, un député RPR de Loire-Atlantique, Michel Hunault, se lève de son siège et se place derrière le trublion pour lui crier dans les oreilles : « C'est honteux ! c'est scandaleux ! »

Une réaction aussi hystérique mériterait l'attention de psychiatres. Tout le pays se pose la question, on en débat dans les journaux, mais, à l'Assemblée, il serait interdit d'en parler. En abordant le sujet, le mal-élevé avait transgressé un tabou. Un député resté muet pendant l'incident dira aussitôt après à l'imprudent : « Vous en avez pris plein la gueule ! Ce que vous avez dit est vrai, bien sûr, mais il ne faut jamais le reconnaître en public. »

Cette tempête dans un verre d'eau était d'autant plus surréaliste que, deux heures plus tard, au cours de ce même colloque, un sénateur influent, Jacques Larché, confirmait l'hypothèse sacrilège. A la tribune, l'élu racontait ingénument : « Voilà quelques années, au conseil général de Seine-et-Marne, que je préside, deux de mes hauts fonctionnaires ont été placés en garde à vue et traités de façon inconvenante. J'ai alors pris conscience qu'il fallait changer cela. »

Pour juger un service public, rien ne vaut le point de vue de l'usager. Or, en France, seule l'expérience du cachot par les élites fait progresser les droits de la défense. C'est une longue marche qui a suivi des chemins détournés.

Jusqu'à la Révolution, l'insalubrité des prisons n'a guère ému le pouvoir. La seule exception fut Louis XVI, qui a soutenu dans ce domaine les réformes de son garde des Sceaux, un humaniste, Malesherbes.

Puis vient la Terreur, ses arrestations massives d'aristocrates et de bourgeois qu'on entasse dans les geôles bâties pour accueillir le vulgaire. Pour cette classe favorisée sous l'Ancien Régime, le choc est terrible. Quand la chute de Robespierre évite l'échafaud aux survivants, ceux-ci n'oublieront jamais le traumatisme subi. Vingt-deux ans plus tard, à la Restauration, les membres de l'élite présentent la particularité d'avoir tous connu la prison, soit directement, soit par un de leurs proches.

Les conséquences ne tardent pas. En 1819, le premier ministre de l'époque, le duc Decazes, crée la Société royale pour l'amélioration des prisons. Ses membres fondateurs comptent Chateaubriand, des hommes d'Etat comme Talleyrand et Guizot, des banquiers et industriels tels James de Rothschild, le baron Laffitte ou Benjamin Delessert, fondateur de la caisse d'épargne. Le président de la Société royale est le duc d'Angoulême, neveu de Louis XVIII [2].

L'hygiène des maisons d'arrêt est améliorée et les épidémies disparaissent. La violence et l'arbitraire reculent. Des commissions de surveillance sont instituées pour chaque prison, et existent aujourd'hui encore. Bref, comme l'expliquent ses statuts, la Société royale s'efforce de « concourir, avec l'administration publique, à apporter dans les prisons du royaume toutes les améliorations que réclament la religion, la morale, la justice et l'humanité ». L'Etat, de son côté, consacre des sommes considérables à la rénovation des deux cent cinquante établissements pénitentiaires.

Les « philanthropes », comme on les surnommait à l'époque, débattent de la prison à la Chambre des députés, dans les salons et les gazettes. En 1832, ils obtiennent une réforme du code pénal : les circonstances atténuantes font leur apparition aux assises et permettent aux jurés d'avoir la main moins lourde.

Autre époque, même phénomène : pendant l'Occupation, de nombreux résistants sont incarcérés dans les prisons de Vichy, pêle-mêle avec des délinquants de droit commun. Une expérience qu'ils n'oublieront pas. A la Libération, les mêmes, devenus députés ou hauts fonctionnaires, engagent une vaste réforme de la justice. L'ordonnance « libérale » du 2 février 1945 sur les mineurs délinquants, encore en vigueur aujourd'hui, est promulguée. Le nouveau directeur de l'administration pénitentiaire, Paul Amor, s'efforce d'améliorer les conditions de détention. Un homme au parcours singulier.

Procureur de Laon sous Vichy, il est jeté en prison début 1944 par la Milice, qui l'accuse de jouer double jeu. Le magistrat parvient à s'évader, rallie l'Angleterre et s'engage dans la 2e DB du général Leclerc. A la libération de Paris, le 25 août 1944, Paul Amor, mitraillette au poing, est l'un des premiers à investir le ministère de la Justice, place Vendôme, à côté du Ritz et des grands joailliers. Les magistrats ralliés à la France libre sont une denrée rare. Aussi, dès septembre 1944, le garde des Sceaux du général de Gaulle, François de Menthon, nomme l'ancien procureur directeur de l'administration pénitentiaire. Entouré d'une équipe de catholiques militants, Paul Amor abolit les travaux forcés et assouplit la discipline. Permissions de sortie et services sociaux sont institués et le développement des visiteurs de prison est encouragé. « La Résistance et l'épuration ont rendu l'horreur du régime pénitentiaire familière à la bourgeoisie, commente alors François Mauriac. C'est pourquoi il ne se trouve personne aujourd'hui pour le défendre[3]. »

Vingt-cinq ans plus tard, l'affaire Markovic va, à sa façon, sensibiliser la classe politique aux méandres de la justice. A l'automne 1968, un truand yougoslave, ancien garde du corps d'Alain Delon, est découvert mort dans une décharge publique. Des relations de la victime, entendues par la police, assurent avoir vu l'épouse de Georges Pompidou à des parties fines auxquelles participait Markovic. Le scandale est retentissant. Meurtri, l'homme politique n'oubliera jamais l'impression d'absurdité ressentie lors de l'affaire. « Pendant des mois, l'activité de la police et de la justice a été orientée, non vers la recherche des auteurs du crime, mais vers la recherche de témoignages et de documents qui pouvaient nous compromettre ma femme et moi, écrit Georges Pompidou alors qu'il est devenu président de la République. Cette recherche semblait plaire particulièrement au procureur Lajaunie – mû, paraît-il, par une hostilité politique – et au juge Patard qui frétillait dans le scandale et se complaisait manifestement à "auditionner" les jolies vedettes du cinéma[4]. » L'homme d'Etat ajoute même : « La meilleure définition du juge Patard, que je ne connais pas, m'a été donnée par Chaban-Delmas : "C'est un méchant c... !" Or, c'est sous Pompidou que les élus commencent à renforcer les droits de la défense. En 1970, une loi reconnaît aux personnes innocentées après une détention provisoire la possibilité d'être indemnisées. L'alerte est cependant de courte durée et l'affaire Markovic restera finalement sans lendemain.

Puis, au fil des scandales révélés depuis quinze ans, les juges d'instruction vont oser mettre en cause des personnalités de premier plan, phénomène impensable auparavant. L'opinion, moins indulgente envers les privilèges de ses dirigeants après vingt ans de crise économique, a soutenu cette petite révolution. Résultat : aujourd'hui, tout parlementaire, chaque haut fonctionnaire compte dans son entourage une personne qui a connu l'épreuve d'une garde à vue parfois rude, d'une mise en examen perçue comme injuste, d'une enquête interminable, d'un non-lieu passé inaperçu.

Pour la troisième fois dans notre histoire, les élites peuvent s'identifier à la personne confrontée à la police et penser : « Ce pourrait être moi ! » Ainsi s'est mise en route, dans un consensus politique général, ce que les partis ont désigné sous le terme ambitieux – et trompeur – de « réforme de la justice ».

Ce changement a eu, en réalité, deux visages. Parfois, les intérêts des élus convergent avec ceux de leurs concitoyens. Le résultat est alors un progrès pour tous. Ainsi, les personnes placées en garde à vue peuvent désormais bénéficier d'un avocat dès la première heure[5], ce qui fait reculer la tentation d'obtenir des aveux de façon musclée. Le juge d'instruction ne peut plus décider seul de mettre en prison un suspect et doit s'assurer l'accord d'un autre magistrat[6].

En revanche, quand les intérêts des élus et ceux de leurs concitoyens divergent, le résultat est une régression imposée à soixante millions de personnes par une oligarchie. C'est ce qui s'est passé dans le domaine de la responsabilité. L'audace nouvelle des juges d'instruction, en effet, n'est pas restée cantonnée aux affaires politico-financières. Les magistrats ont aussi tenu un raisonnement simple : si on poursuit un chef d'entreprise, un chauffeur d'autocar, un moniteur de colonie de vacances, dont la négligence a entraîné des morts, pourquoi ne poursuivrait-on pas des maires et des préfets ?

En septembre 1992, les inondations de Vaison-la-Romaine (Vaucluse) font onze victimes et provoquent d'énormes dégâts matériels. Dans le passé, la justice se serait contentée de mettre en cause le promoteur immobilier qui a construit des lotissements en zone inondable. Mais le juge d'instruction refuse de s'en tenir aux causes immédiates de la catastrophe. Il veut démonter tous les rouages du drame, remonter la hiérarchie administrative, établir toutes les responsabilités.

Pour la première fois, un magistrat met en examen le préfet en fonction dans le département avant la catastrophe, et qui avait donné son feu vert à des constructions en zone inondable. L'année suivante, le maire de Bruz (Ille-et-Vilaine) est mis en cause après un incendie qui a ravagé l'hôpital psychiatrique de sa commune et causé la mort de vingt résidents. La justice reproche au maire d'avoir fermé les yeux sur la vétusté des équipements de sécurité de l'établissement, alors que la réglementation lui imposait d'être vigilant.

Trois ans plus tard, en 1996, un préfet comparaît

en correctionnelle à Toulouse. Il est poursuivi pour l'incendie meurtrier qui avait coûté la vie à vingt et un curistes dans les thermes d'une petite commune du Gers, Barbotan, en juin 1991. Selon le procureur, l'ancien préfet du département savait que l'entreprise enfreignait les règles de sécurité en vigueur. Or, il n'est pas intervenu. A l'audience, le parquet demande cinq mois de prison avec sursis contre ce haut fonctionnaire « qui a failli à sa mission ».

Conscients de manier de la dynamite, les juges se sont, en fait, souvent montrés cléments dans ces affaires. L'ex-préfet du Vaucluse a été blanchi en 1996 pendant l'enquête. L'ancien préfet du Gers, pour sa part, a été innocenté par le tribunal de Toulouse, qui n'a pas suivi les réquisitions du procureur.

Les magistrats toulousains précisent même dans leur jugement, en février 1997, comme s'ils voulaient donner un gage de bonne volonté : « L'exigence d'une analyse plus approfondie des situations ne saurait conduire le tribunal ni à définir les fonctions ni à analyser la psychologie des personnes mises en cause. » On ne peut être plus prudent !

Certes, quelques autres édiles et agents publics se retrouvent aussi sur la sellette dans des affaires moins médiatisées. Le nombre des procédures reste malgré tout très limité, presque dérisoire : de 1990 à 1995, sur les trois millions d'élus locaux et de fonctionnaires que compte le pays, une centaine ont été mis en cause par la justice pour homicide ou blessure involontaires. Dans deux cas sur trois d'ailleurs, les intéressés ont été innocentés après une enquête ou un procès. Seules trente-six de ces cent personnes ont été condamnées, toujours à une amende ou une peine de prison avec sursis[7].

Il n'en fallut pourtant pas plus pour qu'une peur panique s'empare de la classe dirigeante. Les entreprises privées, confrontées au même défi, ont intégré cette contrainte nouvelle parce qu'elles n'avaient pas le choix. Des spécialistes de la « prévention du risque pénal » ont fait leur apparition. Les guides pratiques se sont multipliés. Chacun est devenu plus vigilant. Mais l'Etat ne songe pas à s'appliquer les règles qu'il impose aux autres. Pour se dispenser de s'adapter, il lui suffit de changer la loi. La riposte a donc été immédiate.

Les représentants des préfets ont fait le siège des Premiers ministres successifs. L'Association des maires de France (AMF) s'est époumonée. Trois rapports parlementaires et administratifs ont préparé le terrain en quelques mois [8]. Puis, en mai 1996, première tentative : une réforme du code pénal est adoptée, destinée à protéger les seuls élus et hauts fonctionnaires [9]. C'est un échec. Les tribunaux refusent de s'incliner et appliquent ce texte à tous, ce qui en dilue l'effet. Le « tour de vis » n'a pas permis d'empêcher toutes les poursuites. Les préfets semblent se résigner, mais pas les élus. Ceux-ci misent alors sur l'absence de mémoire des médias pour recommencer l'opération trente-six mois plus tard. Ils ont raison.

Pourtant, en ce printemps 1999, au moment où commence l'histoire de ce petit coup d'Etat juridique, Lionel Jospin est décidé à ne pas céder. Le garde des Sceaux, Elisabeth Guigou, lui a transmis les chiffres les plus récents : de 1995 à 1999, sur trente-six mille maires, on n'en trouve pas quatre par an qui aient été condamnés pour homicide involontaire, et aucun n'a connu la prison. L'hôte de Matignon sait donc qu'on ne peut donner satisfaction aux élus et les laisser aller plus loin sans risquer d'aboutir à une totale impunité. Le Premier ministre ne veut pas être accusé de rétablir des privilèges en faveur de cette France d'en haut dont parlera son successeur. Il se souvient que le rejet du gouvernement Juppé, après la dissolution de 1997, a aussi sanctionné ses tentatives maladroites pour museler les juges. Lionel Jospin est déterminé à ne pas refaire la même erreur.

Mais on ne vient pas à bout facilement de l'Association des maires de France, même quand on est Premier ministre. Fondé en 1907, ce lobby regroupe la quasi-totalité des trente-six mille communes du pays. Certains de ses dirigeants ont été des figures de la vie politique. A la Libération, Edouard Herriot, ancien président du Conseil et maire radical de Lyon, en a pris la tête. De 1973 à 1983, c'est le tour d'Alain Poher, le président centriste du Sénat. En 1999, leur successeur, Jean-Paul Delevoye, n'a pas la même notoriété. Ce gaulliste enraciné dans le Pas-de-Calais n'a jamais cherché à se mettre en avant. Maire de Bapaume, député RPR entre 1986 et 1988, il s'est pourtant constitué un réseau d'amitiés très efficace qui lui a permis de gagner la présidence de l'AMF en 1992, année de son élection au Sénat. Du haut de son 1,93 mètre, il donne l'impression d'un type simple, solide et bosseur.

Autour de lui, l'instance de décision de l'AMF, un bureau de trente-six membres, est composée à égalité d'élus de droite et de gauche. On y remarque Michel Charasse, ancien ministre du Budget de François Mitterrand devenu sénateur du Puy-de-Dôme. Inlassable pourfendeur du « gouvernement des juges », il est aussi – c'est moins connu – trésorier inamovible de l'association. A ses côtés siègent Michèle Alliot-Marie, maire de Saint-Jean-de-Luz, ainsi que Daniel Hoeffel, ancien président du conseil général du Bas-Rhin et personnalité influente en Alsace.

Tous tombent d'accord pour mobiliser leurs réseaux et reprendre l'offensive. C'est le moment ou jamais : le compte à rebours de la présidentielle de 2002, qui opposera Jacques Chirac et Lionel Jospin, est enclenché. Des élections municipales vont avoir lieu en 2001. L'AMF veut donc faire adopter une nouvelle loi avant ces échéances cruciales, c'est-à-dire au cours de l'année 2000, ce qui implique d'obtenir le plus vite possible l'accord des deux acteurs de la cohabitation.

En ce qui concerne Jacques Chirac, aucun problème. Son soutien est acquis d'emblée à l'AMF. Le locataire de l'Elysée apprécie le dévouement et la discrétion de Jean-Paul Delevoye. Quelques mois plus tard, il en fera même son candidat officiel lorsque les militants RPR obtiendront pour la première fois d'élire leur président[10]. Confronté à une Assemblée dominée par la gauche et un gouvernement hostile, le Chef de l'Etat a dans le Sénat, ancré à droite, un allié précieux. D'autant qu'en octobre 1998 un gaulliste, Christian Poncelet, a été élu au perchoir de la Haute Assemblée, occupé pendant quarante ans par des centristes.

Depuis, les liens entre l'Elysée et le Sénat se resserrent. Or, les sénateurs sont des défenseurs acharnés des maires. Une insistance qui s'explique par le mode d'élection de ces parlementaires. Ceux-ci ne sont pas désignés par l'ensemble des Français, mais par les élus locaux, et surtout par les conseillers municipaux. Le Sénat, c'est, selon un mot de Gambetta, le « grand conseil des communes de France ». Autant de raisons qui assurent à l'AMF la bienveillance du président.

Leur vrai problème, c'est de faire plier Lionel Jospin. Tout au long de l'année 1999, l'AMF va donc entretenir la complainte des « petits maires », de débats parlementaires en colloques, de sondages en pétitions. Le 30 mars, les maires des quarante plus grandes villes ouvrent le feu. Ils envoient une « adresse solennelle » au chef du gouvernement. Les édiles, qui comptent deux anciens Premiers ministres – Raymond Barre, maire UDF de Lyon, et Pierre Mauroy, maire PS de Lille –, s'alarment de la « mise en cause de plus en plus fréquente de leur responsabilité pénale, pour des faits de toute nature ayant eu lieu dans leur commune ». Ils réclament donc une « remise à plat du droit de la responsabilité ».

Un mois plus tard, le 28 avril, c'est presque un ultimatum que les sénateurs adressent à Elisabeth Guigou lors d'un débat au palais du Luxembourg : « Nous attendons que Madame la ministre prenne toute la mesure du problème, qu'elle décide de traiter le sujet à fond, lance Hubert Haenel (RPR, Haut-Rhin) sous les applaudissements de tous les groupes politiques. Le tout doit être bouclé pour l'été 2000, avant que commence la campagne des municipales de 2001. » Dans sa réponse, fidèle aux consignes de Lionel Jospin, la garde des Sceaux s'efforce de relativiser le phénomène et annonce la création d'un groupe d'étude. Un mois et demi plus tard, la ministre de la Justice tient parole et installe une commission chargée de réfléchir sur la « responsabilité pénale des décideurs publics ». La présidence en est confiée à un conseiller d'Etat, Jean Massot.

Voilà qui ne fait pas l'affaire de l'AMF. Le groupe

d'étude ne pourra pas manquer de constater que le « harcèlement judiciaire des maires » est un mythe. Si le gouvernement fait un effort de communication en s'appuyant sur des chiffres incontestés, fini l'espoir d'une nouvelle loi ! Le lobby des élus locaux décide donc de prendre les devants et fait circuler une statistique choc : huit cents édiles seraient poursuivis pour des accidents souvent imprévisibles. Au regard des cinq cent mille élus locaux, le chiffre ne serait pas forcément inquiétant. Pourtant, il est tout à fait faux. Il y a certes huit cents procédures judiciaires en cours concernant des élus, mais 95 % d'entre elles concernent des affaires de corruption ou des plaintes pour diffamation, souvent déclenchées par des adversaires politiques. Rien à voir avec un lampadaire qui tombe sur un passant ou un panneau de basket qui blesse un adolescent. L'AMF commet donc un amalgame grossier.

Le ministre de l'Intérieur, Jean-Pierre Chevènement, décide pourtant de s'emparer de ce thème porteur. Le lion de Belfort garde rancune à Lionel Jospin de l'avoir désavoué au profit du garde des Sceaux, Elisabeth Guigou, lors de la polémique sur les mineurs délinquants, qu'il avait osé appeler les « sauvageons ». Le héraut des valeurs républicaines en croisade contre les juges qui sapent la démocratie locale : voilà une affiche qui promet. Le 10 mai 1999, invité à s'exprimer devant l'Assemblée des départements de France, réunie à Deauville, Jean-Pierre Chevènement fait un tabac en déclarant devant une assistance horrifiée : « Huit cents élus locaux sont actuellement mis en examen. C'est une dérive très préoccupante. » Ravi de mettre l'hôte de Matignon en difficulté, il ajoute sous un tonnerre d'applaudissements : « Je serai votre avocat auprès du gouvernement. »

Un tel ralliement est une aubaine pour Jean-Paul Delevoye. Lorsque, quelques mois plus tard, Elisabeth Guigou essaiera timidement de rappeler la réalité des chiffres, le président de l'AMF s'abritera aussitôt derrière le ministre de l'Intérieur : « Le chiffre de huit cents mises en examen avait été annoncé par Jean-Pierre Chevènement à l'Assemblée des départements de France, en mai dernier, assénera-t-il. A l'époque, il n'avait pas été démenti par la justice... »

L'opinion, qui a du mal à s'y retrouver, ne doit pas compter sur les médias pour l'éclairer. La presse, dans sa majorité, relaie la thèse de l'AMF sans recul ni contre-enquête. On ne compte plus les articles sur le « blues des maires », la « crise des vocations locales » ou « quand la justice traque la faute des élus ». « Monsieur le maire n'en peut plus [11], titre ainsi *France-Soir*. Régulièrement poursuivi en justice par des administrés qui ne lui pardonnent rien, il est tout près de renoncer. » Et le quotidien de fustiger le « temps des imprécateurs et des assistés » qui arrive chez nous « par ricochet des Amériques ».

Pourtant, en septembre 1999, Lionel Jospin refuse encore de s'incliner. Devant l'Association des petites villes de France réunie en congrès à Léognan (Gironde), il glace l'auditoire en déclarant sèchement : « Ce ne serait pas rendre service aux maires que de rétablir en leur faveur un régime dérogatoire. » Pour que les choses soient claires, Jospin ajoute : « Dès lors que l'action pénale est engagée, on ne doit pas introduire de distinction entre les justiciables. »

La puissante Association des maires riposte en diffusant aussitôt un sondage réalisé par Ipsos-Opinion, qui conclut que seuls 33 % des édiles sont prêts à se représenter aux municipales de mars 2001. Ce sondage biaisé, qui s'ajoute à des chiffres bidon, constitue un chantage à peine déguisé. Le lobby des maires dit en substance à Lionel Jospin : « Sauvez ces élus locaux au bord de la crise de nerfs, ou les communes n'auront plus de patrons dans six mois. » Or, un résultat essentiel du sondage est passé sous silence : un quart des Français se disent prêts à se présenter sur une liste aux prochaines municipales. La relève est donc assurée, et c'est bien ce qui inquiète les maires. Ceux-ci s'estiment propriétaires de leurs mandats et veulent faire croire qu'ils sont irremplaçables. Le magazine de l'association évoque donc le « spectre d'élections sans candidats[12] ». La raison ? Les juges, bien sûr.

« La responsabilité pénale fait l'unanimité des élus contre elle, quelles que soient la taille de la commune ou la couleur politique, explique le mensuel. C'est le seul sujet où l'unanimité apparaît aussi forte. » Un représentant de la Fédération nationale des maires ruraux, Pierre-Yves Collombat, explique ingénument dans ces colonnes : « Les maires témoignent de leur exaspération. Pourquoi assumerait-on des responsabilités si on est attendu au tournant ? » Le maire du Bourget, en Seine-Saint-Denis, est sur la même longueur d'onde : « Les élus locaux se voient accusés, mis en garde à vue, jugés, emprisonnés. Cette situation ne peut plus durer. » Outrance, chantage, misérabilisme : les maires sont aussi nuancés que les artistes qui accuseront plus tard Jean-Pierre Raffarin d'avoir « déclaré la guerre à l'intelligence ».

Au lieu de prendre ses distances avec le lobby, la presse emboîte le pas. « Trente-six mille maires en colère[13] », titre *Paris Match*. « Le risque pénal provoquerait chez les maires une crise des vocations », assure plus sobrement *Les Echos.*

Sous l'effet d'un tel pilonnage médiatique, l'opinion se persuade que les élus locaux sont réellement harcelés et réclament une réforme de bon sens. Comment ne pas croire sur parole ces gentils maires, îlotiers de la République, mal payés et disponibles, qui échappent au discrédit de la classe politique ? Tous nos concitoyens ont des racines rurales. Dans un coin de leur mémoire, ils se souviennent d'un petit village où, à côté du monument aux morts de 14-18, l'école communale partageait ses locaux avec la mairie. Quand l'AMF crie : « Il nous faut une loi, ou c'est la République de Jules Ferry qu'on assassine ! », les Français le croient.

Cette préparation d'artillerie finit par ébranler Lionel Jospin. Le Premier ministre constate que les prétentions des maires ne rencontrent aucune opposition. Le 1er octobre 1999, nouveau sujet d'inquiétude : Chirac apporte un soutien ostensible à son ami Delevoye. A l'occasion des quarante ans de l'Ecole nationale de la magistrature, le président prononce un grand discours devant la hiérarchie du corps judiciaire. Il fustige la tendance de ses contemporains à « se tourner vers la justice pour que soient recherchées, dans tous les cas, des responsabilités pénales. On risque de brider toute initiative publique ou privée, et notamment celle des maires, assure-t-il. Il ne faut pas céder à la facilité qui consiste à rechercher, derrière tout accident, un bouc émissaire ».

Confronté à la surenchère du chef de l'Etat, Lionel Jospin ne veut pas non plus se brouiller définitivement avec le Sénat. Les parlementaires des deux Chambres, en effet, doivent se réunir à Versailles le 24 janvier 2000 pour adopter une réforme constitutionnelle sur la justice. Les procureurs deviendraient indépendants du garde des Sceaux, en contrepartie d'une responsabilité accrue. Pour que la Constitution soit révisée, une majorité des trois cinquièmes est indispensable. Lionel Jospin est donc contraint de séduire les sénateurs de droite.

Or ceux-ci mettent le marché en main : si vous voulez nos voix, laissez-nous faire une loi ! A la mi-octobre, les présidents des quatre groupes de la droite et du centre remettent même à Elisabeth Guigou un petit « cahier de doléances », selon leur propre expression. Une des questions est très claire : « Comment redéfinir la responsabilité pénale des élus ? »

« La décision de rouvrir ce dossier a été prise très clairement dans le contexte de la préparation du Congrès », reconnaît aujourd'hui pour la première fois Daniel Ludet, alors conseiller du Premier ministre pour la justice. Lionel Jospin se décide donc à manger son chapeau. Contre son intime conviction, il opère un revirement brutal. Un mois après avoir exclu de changer la loi, le Premier ministre déclare le 24 octobre 1999, au congrès de l'Association des maires de France : « Le gouvernement est déterminé à répondre à votre inquiétude et à le faire rapidement. » Il s'engage à alléger leur responsabilité pénale « avant les prochaines élections municipales de 2001 ». Pour les six mille maires qui assistent à ce discours, c'est un triomphe.

Dès lors, pour les partisans de l'irresponsabilité, il n'y a plus à se gêner. L'AMF exige même que la commune, le département ou la région soient poursuivis à l'avenir à la place de l'élu fautif. En clair, quand un homme politique devra être condamné, la sanction sera une simple amende payée par... les contribuables ! Lionel Jospin trouve encore la force d'écarter cette solution démente qui « affaiblirait le sens de la responsabilité personnelle », comme il l'explique lui-même.

Le corps préfectoral, resté discret jusque-là, se dévoile alors. Le ministre de l'Intérieur, Jean-Pierre Chevènement, défend la création d'une instance de filtrage qui donnerait son avis sur l'opportunité de la mise en examen d'un haut fonctionnaire ou d'un élu. Comment serait composé ce nouvel organisme au statut étrange ? Pour moitié... de hauts fonctionnaires et d'élus ! Le Premier ministre refuse, là encore, au nom du « principe d'égalité devant la loi ».

Puis, peu à peu, le chef du gouvernement va mettre le maximum de distance entre la réforme qui se prépare et lui. Le 9 novembre 1999, à l'Assemblée, Lionel Jospin affirmait encore : « Le rapport sur la responsabilité pénale des élus et des fonctionnaires demandé en juin dernier à Jean Massot, conseiller d'Etat, sera remis très prochainement. C'est sur la base de ce rapport que le gouvernement fera ses propositions. » En réalité, le rapport, remis deux semaines plus tard, sera aussitôt enterré. Contrairement à ce qu'il avait assuré aux députés, Lionel Jospin ne fera aucune proposition. Jean Massot préconisait en effet de « permettre aux élus et aux agents publics de faire face à leurs responsabilités sans que cela passe nécessairement par une voie pénale dont, même innocent, on sort rarement indemne ». Le constat n'est pas faux, mais il revient à dire : « La justice pénale est tellement éprouvante qu'elle doit être réservée aux gens du peuple. »

On comprend donc que Lionel Jospin refuse d'assumer une projet de loi sur un sujet aussi glissant.

Le Premier ministre se contente ainsi d'accorder un blanc-seing à l'activisme du Sénat... sans rien obtenir en échange. Car les parlementaires de tous bords, terrorisés à l'idée que les procureurs deviennent indépendants du garde des Sceaux, font savoir à Matignon et à l'Elysée qu'ils ne voteront pas en définitive la révision de la Constitution. La vieille peur des juges a été ravivée par la démission, le 2 novembre 1999, de Dominique Strauss-Kahn, alors ministre des Finances et mis en cause dans l'affaire de la Mnef. L'événement a semé un vent de panique chez les politiques et fait percevoir les juges comme des « nouveaux Huns », selon l'expression d'un conseiller à Matignon de l'époque.

Le 18 janvier 2000, le président de la République doit annuler le Congrès faute de majorité pour réviser la Constitution. C'est un échec pour Lionel Jospin et Elisabeth Guigou, qui s'efforceront désormais de parer les coups, comme des boxeurs dans les cordes. Et impossible de revenir sur la promesse faite à l'AMF sans reconnaître un marchandage qu'ils n'ont jamais avoué. La machine infernale est lancée. Perçus à tort comme des retraités qui font de la figuration, les sénateurs ont mis à genoux le pouvoir socialiste.

2

La machine à blanchir

Pierre Fauchon est un sénateur centriste. Pour vendre une réforme qui pourrait se révéler impopulaire si l'opinion en comprenait les arrière-pensées, le choix n'est pas mauvais. L'homme est sympathique. Enraciné dans le Loir-et-Cher, simple et direct, il cultive son image de vieux paysan débonnaire. Pourtant, il n'a rien d'un Monsieur Prudhomme égaré au Sénat. C'est un avocat expérimenté qui a, au début des années 60, appris son métier aux côtés de l'ancien défenseur du maréchal Pétain, Jacques Isorni, sans partager pour autant ses idées.

Jacques Isorni était devenu célèbre en 1945, à l'âge de 34 ans, en défendant Pétain lors de son procès devant la Haute Cour de justice. Devenu député sous la IVe République, il fait adopter le principe du secret de l'instruction et modernise la formule du serment que l'avocat devait prêter devant le procureur : « Je jure de ne jamais m'écarter du respect dû aux tribunaux et aux autorités publiques. » Réélu en 1956, le juriste siège au groupe des Indépendants et Paysans, aux côtés d'un jeune inspecteur des Finances, Valéry Giscard d'Estaing. A la fin de la guerre d'Algérie, Isorni défend les officiers de l'OAS devant les juridictions d'exception. Son éloquence fiévreuse, son opiniâtreté et ses démêlés avec le pouvoir gaulliste – il est condamné pour « outrage au chef de l'Etat » en 1965 et suspendu du barreau pendant trois ans – en ont fait une référence pour des générations d'avocats, abstraction faite de toute sympathie politique. C'est à l'époque de l'OAS que Pierre Fauchon travaille avec lui, l'accompagnant dans ses visites aux généraux incarcérés après le putsch d'Alger.

Ensuite établi à son compte, Pierre Fauchon adhère au Centre démocrate de Jean Lecanuet, à l'époque où celui-ci, candidat à l'élection présidentielle de 1965, contribue à mettre le général de Gaulle en ballottage. Le jeune avocat gravit rapidement les échelons du parti. Quand son mentor devient ministre de la Justice de Valéry Giscard d'Estaing, en 1974, il entre à son cabinet tout en briguant ses premiers mandats dans le Loir-et-Cher. Après l'alternance de 1981, il se consacre à son enracinement local. Un effort couronné par son élection au Sénat en 1992. L'homme n'est pas un ingrat et il n'oubliera jamais les maires qui l'ont fait roi. Revers de la médaille : il restera avant tout un avocat qui, comme tout avocat, a le droit de mentir pour défendre son client. Très travailleur, actif dans tous les débats sur la justice, Pierre Fauchon va s'imposer dans le rôle du défenseur des maires persécutés par de petits juges aigris, qui lui va comme un gant. Le sénateur joue un rôle de premier plan dans la loi de 1996, aux côtés de Jean-Paul Delevoye. Trois ans plus tard, il repart à l'assaut.

En octobre 1999, le sénateur dépose une proposition de loi. Rien de bien sérieux au premier abord. Tous les jours, des parlementaires font enregistrer par leur Assemblée des textes qui ne seront jamais débattus dans l'hémicycle. Ces propositions de loi sont souvent concoctées pour être agréable à un groupe de pression : bouilleurs de cru qui regrettent leur privilège fiscal d'antan, producteurs de chocolat en guerre contre la TVA, associations écologistes aux prises avec les chasseurs. L'élu envoie une copie de son texte aux intéressés, cite ce travail dans son journal de campagne, et l'affaire s'arrête là. Le vrai pouvoir législatif est entre les mains du gouvernement.

Il arrive pourtant qu'un parlementaire arrive à ses fins. En l'occurrence, Pierre Fauchon sait pouvoir compter sur les présidents des groupes du Sénat pour faire inscrire très vite son texte à l'ordre du jour. L'objectif de sa proposition de loi ? Tailler un régime sur mesure pour les maires, qui leur garantisse une quasi-impunité de fait. Sa préférence est claire. « Un régime pénal spécifique pour les élus n'aurait rien d'inconstitutionnel, écrit l'avocat. Les responsabilités qui pèsent sur les maires sont infiniment plus lourdes que celles qui pèsent sur les autres citoyens », assure le sénateur.

L'intéressé doit bien avouer qu'on ne trouve pas quatre édiles par an condamnés pour homicide involontaire, mais il balaie l'objection d'un revers de la main : « Ce qui importe n'est pas le nombre d'affaires concernées. Certaines mises en examen ou condamnations, peu nombreuses, sont ressenties comme infamantes par les intéressés, qui se voient renvoyés devant le tribunal correctionnel au même titre que les voleurs ou les escrocs. Elles provoquent, pour ceux qui les subissent, un traumatisme profond[1]. »

Comme la contradiction n'effraie pas le talent, Pierre Fauchon constate ensuite que « plusieurs années seront nécessaires pour que la portée de la réforme de 1996 puisse être mesurée » avant de conclure : « Il paraît aujourd'hui souhaitable d'aller plus loin. » Or, tirant les leçons de cette première tentative, l'obstiné sénateur a compris qu'un texte réservé aux élus et aux hauts fonctionnaires provoquerait l'opposition des juges. Problème supplémentaire : « La mise en place de procédures spécifiques tendant à faire des décideurs publics, et notamment des élus locaux, des justiciables spécialement protégés ne serait pas comprise par l'opinion malgré son caractère très explicable. »

Dès lors, le héraut des maires ne voit qu'une solution : concocter une réforme du code pénal qui s'applique à tous, et tant pis pour les dommages collatéraux ! Pour protéger les élus locaux mis en cause après un accident, le sénateur est prêt à ce que son texte bénéficie au haut fonctionnaire inquiété dans un scandale sanitaire mais aussi au médecin responsable d'une erreur médicale, au chef d'entreprise mis en cause après un décès sur un chantier ou à l'aiguilleur du ciel défaillant qui contribue à une catastrophe aérienne. Non que Pierre Fauchon souhaite promouvoir une irresponsabilité générale. Mais il accepte par avance ce résultat, comme une conséquence – regrettable mais inévitable – du but qu'il poursuit : protéger sa tribu.

Et puis, en compromettant le maximum de professions, on les empêche de se plaindre. L'Ancien Régime a appliqué cette méthode avec succès pendant des siècles. Ce n'était pas seulement la noblesse, mais aussi certains membres du tiers état proches du pouvoir qui échappaient à l'impôt. Longtemps, ces derniers n'ont pas eu intérêt à élever la voix, de peur d'attirer l'attention sur eux. Pour qu'un privilège s'enracine, il faut que ses principaux bénéficiaires aient, en quelque sorte, des complices. Le projet du sénateur centriste correspond à la mentalité française, toujours à la recherche de la dérogation et du passe-droit, hier à l'égard de l'impôt, aujourd'hui à l'égard du code pénal. Dans un style enflammé digne des années 50, Pierre Fauchon s'indigne donc de voir « ces maires mais aussi ces directeurs d'hôpitaux ou ces chefs d'entreprise mis en examen, jetés au banc des accusés au côté de délinquants ordinaires[2] ».

Encore faut-il que la commission des lois du Sénat donne son feu vert à l'examen du texte dans l'hémicycle. Aucun risque de ce côté-là : l'avocat n'y compte que des amis, de Jacques Larché, président de la commission malgré ses 80 ans, Daniel Hoeffel, premier vice-président de l'Association des maires de France à Robert Badinter, l'ancien ministre de la Justice de François Mitterrand. Seul personnage décalé à la commission des lois, Robert Bret, élu communiste de Marseille, a l'habitude de prendre le contrepied de ses collègues. Pour plus de sûreté, le parlementaire chargé d'analyser le texte de Pierre Fauchon avec un œil critique – il porte le nom de rapporteur – sera tout simplement Pierre Fauchon. Le sénateur assure que c'est la coutume. Ce n'en est pas moins choquant. Le travail parlementaire est censé être un processus contradictoire. Sinon, il n'est qu'une caricature.

L'affaire est lancée. Elle va être menée à un train d'enfer. L'usage veut que les parlementaires se livrent à une large concertation avant de légiférer. Pourtant, en l'occurrence, les sénateurs expédient ce travail préparatoire en une seule journée, le 19 janvier 2000.

Pour plus de sûreté, ils ne contactent que des interlocuteurs censés partager leurs vues.

Ces précautions ne suffisent pas à éviter aux sénateurs quelques moments désagréables. Les deux professeurs de droit conviés au Sénat critiquent la distinction entre auteur direct et indirect d'un accident échafaudée par Pierre Fauchon. Jean Pradel, professeur à l'université de Poitiers, trouve le système prévu « illogique ». Geneviève Viney, professeur à la Sorbonne, prédit qu'il sera « très difficile de mettre en place un ensemble de décisions de justice cohérentes ».

Déjà contrariés, les sénateurs essuient ensuite un avertissement très ferme d'un magistrat de la Cour de cassation, Serge Petit. Le juriste rappelle la logique de la législation de l'époque : toutes les personnes dont les erreurs ou les fautes ont concouru à provoquer la mort doivent en répondre devant la justice. Avec la réforme, au contraire, s'inquiète le juge, les dirigeants ne pourront plus être mis en cause et seuls les lampistes seront condamnés. En outre, rappelle en substance Serge Petit, ce texte s'appliquera dans les domaines les plus variés. Remettre en cause le code pénal pour le confort de quelques élus, c'est déstabiliser tout le droit de la responsabilité par un effet de dominos.

Le magistrat illustre son propos par un exemple. « Imaginons le cas d'une opération difficile dans un hôpital. Aujourd'hui, quand un patient meurt parce qu'un chirurgien a oublié d'alerter l'équipe de soins postopératoires sur un risque de complications, le médecin peut être poursuivi. Avec le système que vous préconisez, au contraire, le chirurgien échappera à toute sanction », avertit le juge.

Cet exposé provoque un silence gêné. Robert Badinter prend alors la parole. Ses interventions sont toujours écoutées dans un silence religieux au Sénat. L'homme qui a aboli la peine de mort en 1981 avant de présider le Conseil constitutionnel pendant neuf ans est devenu une sorte d'autorité morale qu'on ose rarement contredire, encore moins brocarder. Avec force arguments juridiques, l'ancien ministre de la Justice essaie de convaincre le haut magistrat qu'il se trompe, que ses alarmes sont injustifiées. Serge Petit n'est pas convaincu. Non sans courage, il réitère son avertissement. En vain. Lorsqu'il quitte les lieux, le magistrat de la Cour de cassation est inquiet : « J'ai découvert des élus autistes, indifférents à tout ce qui se passait à l'extérieur du Sénat », se rappelle-t-il aujourd'hui avec une grande liberté de ton.

Alors que les victimes de toutes sortes d'accidents vont voir leur sort bouleversé par la réforme, Pierre Fauchon et ses collègues vont aller plus loin. Contrairement à tous les usages, ils n'ont pas pris l'initiative de recevoir les associations qui les représentent et ont pignon sur rue. Une d'entre elles, la Fédération nationale des victimes d'accidents collectifs, a malgré tout été alertée sur cette curieuse proposition de loi et sollicite son audition. Les sénateurs jugent plus prudent d'accepter. Lorsque les deux représentants de ces associations pénètrent dans la salle de réunion de la commission des lois, c'est un peu le Français moyen qui fait irruption dans un débat jusque-là confisqué.

« Nous demandons l'abandon du texte de Pierre Fauchon, explique Jacques Bresson, dont le fils a été tué dans la catastrophe de la gare de Lyon, en juin 1988. Un accident collectif est toujours le résultat d'une addition d'imprudences à des échelons différents. Quand il y a mort d'homme, tous les responsables, du haut en bas de la hiérarchie, doivent s'expliquer devant la justice, argumente-t-il. Le risque de comparaître en justice existe dans tous les métiers. Seuls les maires refusent cette contrainte. »

Le sénateur communiste de Marseille, Robert Bret, est très frappé par cette intervention simple et digne. Il semble bien le seul. « Les familles qui portent plainte après avoir perdu un enfant n'ont pas pour motif principal d'être indemnisées », ajoute Jean-Jacques Mengelle. L'intéressé en sait quelque chose, puisqu'il a perdu sa fille dans la catastrophe des Orres. En janvier 1998, dans les Alpes, neuf collégiens, entraînés par leurs accompagnateurs hors des pistes balisées, avaient trouvé la mort dans une avalanche. « Les familles des victimes se tournent vers le juge, ajoute-t-il, pour savoir ce qui s'est passé et faire établir toutes les responsabilités. »

Les auditions s'achèvent. Au moment de se séparer, un des professeurs d'université, Geneviève Viney, aurait chuchoté aux deux hommes : « Vous m'avez convaincue. Si j'étais parlementaire, je voterais contre ce texte. » Hélas, leur discours de bon sens n'aura servi à rien. Le lendemain de cette parodie de concertation, le 20 janvier 2000, la commission des lois adopte le texte sans en changer une virgule.

La Haute Assemblée confirme aussitôt qu'elle peut abandonner son train de sénateur pour ce Texte à Grande Vitesse : une semaine plus tard, le 27 janvier, le projet de Pierre Fauchon est discuté au Sénat. C'est une nuit du 4 août à rebours. Pierre Mauroy fait allusion à la catastrophe de Furiani, cauchemar des élus locaux. « Quand on vous dit : “Il n'est pas possible de jouer au football sur ce stade” alors qu'un match Lille-

Marseille est prévu cinq jours plus tard, allez prendre la décision de fermer le stade ! Je pourrais multiplier les exemples de cette sorte. » Dans un touchant consensus politique, le chiraquien Jean-Paul Delevoye applaudit l'ancien Premier ministre de l'union de la gauche.

Lui non plus ne veut pas faire de chichis en cherchant à préciser les devoirs respectifs des maires et des fonctionnaires. Entre l'Etat et les élus, constate le président de l'AMF, « chacun cherche à repasser à l'autre le mistigri de la responsabilité ». Il faudrait donc une égale impunité des deux parties pour ne pas faire de jaloux. Curieuse approche de l'action publique. « Tous les acteurs essayaient de se repasser la patate chaude, précise aujourd'hui Jean-Paul Delevoye. Les maires craignaient que les préfets se défaussent sur eux. Des collègues supprimaient toutes les classes de neige de peur d'un accident. Certains conseillers régionaux refusaient de s'occuper des lycées : trop dangereux ! » Le sénateur livre ensuite le fond de sa pensée : « Pendant ce temps, l'administration peut étrangler des PME en tardant à payer ses factures ou la Poste perdre des centaines de courriers : eux ne risquent rien. » Autrement dit, au lieu d'être l'avant-garde d'une modernisation générale, les élus locaux ont voulu s'aligner sur le statut le plus protecteur. L'irresponsabilité est une maladie contagieuse. « L'Etat, dans sa grande souveraineté, poursuit sa route, se déchargeant petit à petit de ses responsabilités à risque sur le dos des élus locaux, plus faciles à identifier, renchérit le centriste Philippe Arnaud (Charente) pendant les débats. Lui-même est exonéré de responsabilité ! Le béotien que je suis répond : Facile ! » (Vif succès de séance.)

Seul Robert Bret, le sénateur communiste des Bouches-du-Rhône, stoppe un instant ce défoulement verbal. Il songe aux victimes de l'amiante, nombreuses chez les ouvriers de la sidérurgie et des chantiers navals de Marseille. Lors des auditions organisées huit jours plus tôt, le parlementaire s'est interrogé : et si ce texte allait bouleverser des pans entiers du code pénal pour garantir le confort de quelques maires ? Aussi, seul contre tous dans l'hémicycle du Sénat, il dénonce le poujadisme de ses collègues. « Je ne comprends pas la hâte de M. Fauchon, explique-t-il. Les auditions ont suscité plus de questions que de réponses. On mesure la complexité des problèmes posés et des réponses à apporter. » Indifférent aux ricanements ou aux plaisanteries, l'élu marseillais poursuit : « Les chiffres officiels sont beaucoup moins alarmants qu'on le dit. Seuls une cinquantaine d'élus ont été mis en cause depuis 1995 ; on ne compte pas vingt condamnations ! » Et Robert Bret d'avertir : « Vous n'empêcherez personne de penser que les élus cherchent à reconstruire leur immunité. On voit bien, dans ce débat, la difficulté de prétendre le contraire. »

A l'exception des communistes – qui se réfugient dans l'abstention –, la proposition de loi sera adoptée à l'unanimité. Lionel Jospin tient alors ses engagements : bien qu'il n'y soit nullement obligé puisque le PS est majoritaire au Palais-Bourbon, il inscrit aussitôt le texte à l'ordre du jour. Autre assemblée, autre ambiance. Ses membres sont sous les projecteurs des médias. Ils doivent discuter avec leurs électeurs, le dimanche, sur les marchés. Difficile, dans ces conditions, d'assumer la paternité d'une réforme qui pourrait devenir explosive. Les députés sont donc ravis que les sénateurs aient fait le sale boulot à leur place.

A l'époque, le président de l'Assemblée nationale est Laurent Fabius. En accédant à Matignon en 1984 à l'âge de 38 ans, ce jeune énarque du Conseil d'Etat est devenu le plus jeune Premier ministre de la Ve République. Depuis, l'ancien intime de François Mitterrand a les soucis des surdoués qui ont très vite atteint les sommets : que faire ensuite ? En 1991, la révélation du scandale du sang contaminé l'atteint de plein fouet. L'invraisemblable devient réalité. Le dépistage systématique du virus du sida dans les dons de sang a été freiné pendant des mois en 1985 pour permettre à Pasteur de supplanter un concurrent étranger. Des stocks de sang contaminé ont été distribués en toute connaissance de cause aux hémophiles. Les ministres de tutelle, alertés, n'ont rien fait. Mis en cause, Laurent Fabius montre une sensibilité aux critiques qui étonnera son ancien mentor. Après une procédure interminable, en mars 1999, l'ancien hôte de Matignon est relaxé par la Cour de justice de la République. Mais plusieurs membres de son cabinet de l'époque demeurent poursuivis, de même que des hauts fonctionnaires de la direction de la Santé et des médecins.

Or, comme le soulignera *Libération*[3], Laurent Fabius, entouré de juristes, « ne peut ignorer » que la proposition de loi de Pierre Fauchon va influencer l'issue des poursuites en cours contre ses anciens collaborateurs. L'ancien Premier ministre se trouve donc exposé à un conflit d'intérêts. Or au lieu de se tenir à l'écart de ce dossier, le président de l'Assemblée descend dans l'arène. Lors d'une réunion de groupe des députés socialistes, il préconise, selon plusieurs témoins, de durcir le texte de la Haute Assemblée qui laisse encore, à ses yeux, une trop grande marge d'appréciation au juge. Soutenu par la majorité de ses pairs, Laurent Fabius obtient gain de cause : au cours du mois de mars, le texte du sénateur de droite est complètement assumé par les socialistes[4] !

C'est alors qu'entre en scène le professeur Claude Got. Depuis trente ans, ce spécialiste des autopsies de renommée internationale multiplie les missions d'expertise sanitaire. C'est bien simple, il a tout fait. Au cabinet de Simone Veil sous Giscard, l'homme contribue au premier tour de vis contre les chauffards. Avec Claude Evin, le voilà bûchant sur le sida puis contribuant à la fameuse loi qui interdit la publicité pour l'alcool et le tabac à la télévision. Bernard Kouchner le fait ensuite travailler sur l'amiante. Peu à peu, le médecin a acquis, sur l'administration française, le regard d'un ethnologue. L'analyse des malheurs qui pourraient être évités le passionne. Toute son énergie est consacrée à éviter leur répétition. Derrière la carapace du médecin, on devine l'écorché vif, qui ne se résigne pas à prendre les choses à la légère.

En ce mois de mars 2000, Claude Got consulte l'ordre du jour du Parlement. Il a l'habitude de le faire régulièrement, comme d'autres regardent la météo. « Tous les mauvais coups que j'ai vus passer, explique-t-il aujourd'hui, c'est en catimini. Il faut toujours ouvrir l'œil. » C'est ainsi qu'il découvre le texte en discussion à l'Assemblée, dont il perçoit tout de suite la portée. Son sang ne fait qu'un tour et il écrit aussitôt une tribune pour dénoncer cette manœuvre immorale. Un personnage de son niveau peut se payer le luxe de s'adresser au journal de son choix. Encore faut-il que ses interlocuteurs réagissent au quart de tour, car Claude Got est pressé : il veut que son texte soit publié avant le débat dans l'hémicycle, prévu le 5 avril. Aussi, le médecin décide de s'adresser à une journaliste en qui il a confiance, Armelle Thoraval, de *Libération*. Celle-ci l'appelle aussitôt. « C'est une bombe ! s'exclame-t-elle. On sort votre tribune sous forme d'interview avec un dossier sur le sujet, d'accord ? – D'accord ! » répond le professeur.

Le 4 avril 2000, le quotidien publie donc la charge de Claude Got. Pour la première fois, l'opinion découvre de quoi il s'agit. « Rassurer les élus avant les municipales ne justifie pas de torturer le code pénal qui s'applique à tous, fulmine le médecin. C'est un texte purement clientéliste qui crée une forme d'amnistie anticipée. » L'exécutant, dernier maillon d'une chaîne de responsables, sera sanctionné. En revanche, ses supérieurs hiérarchiques, dont les décisions ou l'apathie ont provoqué la catastrophe, ne seront pas inquiétés. En somme, le lampiste trinquera, les décideurs seront épargnés. « Il suffit de prendre l'exemple de la catastrophe du tunnel du Mont-Blanc pour comprendre que les responsabilités indirectes sont dominantes dans de tels événements, s'insurge Claude Got. Qui avait la responsabilité de la conception du système d'alerte, des exercices de secours, du contrôle du système de ventilation ? »

L'interview provoque un véritable électrochoc. Les médias commencent à comprendre que l'opération « sauvons les maires » cache une réforme du code pénal aux immenses retombées sur la vie quotidienne des Français. Le débat change de dimensions. Les grandes associations de victimes montent au créneau.

« Cette loi va permettre de cesser les poursuites contre les conseillers des ministres, les hauts fonctionnaires et les médecins mis en examen dans le scandale du sang contaminé, s'indigne le président de l'Association française des hémophiles, Edmond-Luc Henry. Cette amnistie déguisée va aussi concerner toutes les autres affaires de santé publique. » Les représentants des transfusés contaminés par le sida, les victimes de l'hormone de croissance, de la vache folle, du vaccin anti-hépatite B et de l'amiante se regroupent pour un appel solennel. « Ceux qui, face à un risque, n'auront pas pris les mesures de précaution nécessaires verront leur responsabilité reportée sur le simple exécutant », s'angoissent-ils. « La loi Fauchon va tout foutre en l'air, confirme dans un style plus imagé le président du comité anti-amiante de Jussieu, Michel Parigot. C'est comme si quelques petits commerçants mécontents de payer des impôts avaient obtenu une refonte globale de la fiscalité. »

Les grandes confédérations syndicales se joignent au chœur des protestataires après avoir réalisé que ce texte va s'appliquer aux accidents du travail. La CFDT, la CFTC, la CGT et la CGC écrivent ensemble à Elisabeth Guigou une lettre très claire : « Nous savons bien que le Parlement ne souhaite légiférer que pour les élus [...] mais le code pénal s'adresse à tous. »

Le 5 avril, lorsque la proposition de loi est examinée à l'Assemblée, les députés sont furieux de devoir assumer leurs choix sous la lumière des projecteurs. « La polémique qui s'est engagée ces derniers jours montre que, dans ce domaine, nous entrons très rapidement dans l'irrationnel », fulmine Jacques Fleury (PS, Somme). « Les critiques qui se multiplient, suscitant l'attention des médias, sont inexactes, injustes et même choquantes quand on nous reproche de vouloir mettre un terme aux poursuites dans l'affaire du sang contaminé », assure René Dosière (PS, Aisne). Le député n'a pas tout à fait tort. Les parlementaires ne cherchent pas à enterrer ce scandale. En revanche, ils savent que la réforme va fragiliser l'issue des dossiers de santé publique, et ce risque les laisse indifférents. En somme, les députés ont obéi sans le savoir au slogan lancé par un syndicat voilà quelques années : « Nos droits sont notre seule loi. » Reste à invoquer des grands principes pour faire oublier ces petits intérêts.

« Craignons cette dérive qui est un recul de l'histoire vers les pratiques les plus anciennes et les plus primaires, vaticine ainsi Gérard Gouzes (PS, Lot-et-Garonne). Craignons que l'individualisme et le consumérisme ne détruisent le citoyen, l'esprit républicain, en un mot, la démocratie ! » (Applaudissements prolongés.) Gérard Gouzes revient ensuite aux choses sérieuses : il faut éviter aux maires de se présenter devant la justice comme de simples citoyens, explique-t-il. S'il est mis en examen, l'élu local « ne peut que mal supporter de se retrouver tout d'un coup au ban de la société. C'est vrai, il y a les honneurs. Mais, chers collègues, les honneurs durent peu de temps ; l'opprobre peut durer toute une vie » (approbation sur tous les bancs). Certains députés sont bien gênés par ces discours outranciers, mais la peur panique des juges fait taire leurs scrupules. « Les choses ne sont pas si simples, se défend aujourd'hui un ancien ministre de l'Industrie. Si un accident était survenu dans une centrale nucléaire, on m'en aurait rendu responsable et j'aurais été mis en examen. C'est normal de vouloir éviter ce cauchemar. » Une réaction bien compréhensible, en effet, mais est-ce qu'un parlementaire est censé légiférer en songeant d'abord à lui ?

Quoi qu'il en soit, la gauche adopte le texte avec soulagement. Soucieuse de se donner le beau rôle après le tollé des associations de victimes, la droite s'abstient... alors qu'elle a porté le texte sur les fonts baptismaux au Sénat. L'hypocrisie est totale.

Le président du groupe RPR, Jean-Louis Debré, demande ainsi au gouvernement de « rassurer publiquement les représentants des associations et les victimes, qui ont fait part de leur inquiétude légitime ». Ulcérée, Elisabeth Guigou répond à Jean-Louis Debré « d'aller vous-même expliquer vos propres positions aux représentants des victimes ». La garde des Sceaux ne veut à aucun prix que le gouvernement endosse la responsabilité d'un texte aussi corporatiste. Le 23 mai, son directeur de cabinet, Christian Vigouroux, propose même au directeur de cabinet de Lionel Jospin, Olivier Schrameck, l'abandon pur et simple de la réforme. « Les représentants des victimes craignent une “amnistie déguisée” en faveur des décideurs publics mis en cause par la justice, souligne le haut fonctionnaire dans une note confidentielle. Sur un texte de cette importance, il faut vérifier l'existence d'un consensus qui passe par la connaissance des intentions réelles de l'opposition. » Lionel Jospin sort alors de son silence. Le Premier ministre change, à nouveau, d'avis, suspend l'examen du texte et charge Elisabeth Guigou d'entamer des négociations avec les associations de victimes.

Une première table ronde se déroule au ministère de la Justice, place Vendôme à Paris. Les contestataires sont conviés dans le magnifique hôtel particulier qui accueille la Chancellerie depuis 1718. A l'époque, le propriétaire – un financier incarcéré à la Bastille pour détournement de fonds – avait obtenu sa grâce en cédant en contrepartie son hôtel à l'Etat. Danton a occupé les lieux pendant la Révolution, et on montre encore son bureau au visiteur. Les négociations commencent salle Peyronnet, un salon rouge bonbon au premier étage, construit sous la Restauration. L'endroit porte le nom du garde des Sceaux de l'époque, qui avait enfreint les règles de la comptabilité publique avant d'être blanchi par la Chambre des pairs. Mauvais présage.

Elisabeth Guigou et son directeur de cabinet s'efforcent de rassurer les associations de victimes. « Ils nous ont reçus, raconte Edmond-Luc Henry, et nous ont dit : Il n'y a pas eu de travail sérieux sur la proposition de loi du Sénat, c'est vrai. Pour autant, il faut rassurer les maires avant les municipales. Essayons de parvenir à un texte consensuel. »

Pendant que s'échangent ces propos aimables, les services du ministère planchent sur le dossier et ne cachent pas leur embarras. Toucher à la responsabilité pénale des maires, c'est ouvrir la boîte de Pandore. « Le cabinet du ministre nous a chargés d'une mission impossible, confie un magistrat alors en poste place Vendôme. On nous disait : Les élus et les hauts fonctionnaires doivent être mieux protégés. Par contre, il faut rester aussi sévère pour les chefs d'entreprise responsables d'accidents du travail ou les auteurs d'erreurs médicales. Débrouillez-vous pour faire deux poids, deux mesures. »

Or, ce numéro d'équilibriste est impossible à réussir : une réforme du code pénal est vouée à s'appliquer à tous de la même façon, c'est un lot, à prendre ou à laisser. « Prenons quelques exemples, poursuit le magistrat : le chef d'une entreprise agroalimentaire dont les produits frais, transportés par camion, sont infectés par la listériose en raison d'un court-circuit du système de réfrigération et rendent malades les consommateurs. Le chef de chantier qui ne vérifie pas, comme il le devrait, que les ouvriers changent régulièrement leurs masques respiratoires, provoquant leur contamination par l'amiante. Un autre qui néglige de signaler à un grutier que certains éléments de sa machine ont été enlevés, causant un accident mortel. Le texte de Pierre Fauchon fragilise les poursuites dans tous ces cas de figure. »

Résultat : les services bâtissent des scénarios et font de la justice-fiction. Le ministère essaie de prévoir comment les juges réagiraient avec le nouveau texte. On ajoute une phrase, on hésite entre plusieurs qualificatifs – faut-il que la loi parle de faute « évidente », « nette », « marquée » ou « déterminante » ? –, on soupèse la portée d'une virgule. La place Vendôme prend des allures d'état-major qui organise un *kriegspiel* avec les tribunaux dans le rôle de l'armée adversaire.

« Bien malin celui qui aurait prédit l'application du texte par les magistrats, dit aujourd'hui avec franchise l'ancien conseiller de Lionel Jospin pour la justice, Daniel Ludet. Personne ne pouvait prétendre prévoir en quoi ces modifications allaient influencer les tribunaux. La rédaction devenait tellement subtile que chaque camp pouvait nourrir des espérances. »

Pendant que les magistrats du ministère s'arrachent les cheveux, Pierre Fauchon, furieux de ces contretemps, répète en boucle ses arguments dans la presse : « Si un jeune est écrasé par la chute d'un panneau de basket sur un stade, le maire n'a pas poussé le panneau[5]. » Les sénateurs de tous bords, alarmés par la concertation en cours place Vendôme, veulent passer en force. Ils pressent leur président d'intervenir. Christian Poncelet obtempère. Sur le ton d'un président de la SPA qui vole au secours d'une espèce en voie de disparition, le deuxième personnage de l'Etat ressort l'argument inusable : « Sans cette solution législative, le dramatique tarissement des vocations municipales ne pourra que s'amplifier. » Il inscrit aussitôt le texte à l'ordre du jour de la Haute Assemblée pour le 15 juin, alors que la garde des Sceaux est en pleine négociation avec les associations de victimes. Celles-ci ont beau dénoncer une volonté de « couper court à un débat démocratique », leurs critiques, relayées par une partie de la presse, n'émeuvent guère le palais du Luxembourg. Dans la main des élus locaux, les sénateurs n'ont de comptes à rendre qu'à eux. Même la pression médiatique les laisse insensibles.

Le 15 juin, au palais du Luxembourg, les associations de victimes occupent les tribunes du public. Dans un coin, à l'écart, le juge d'instruction du scandale du sang contaminé, Marie-Odile Bertella-Geffroy, observe. Seuls les sénateurs communistes critiquent la proposition de loi. « Je ne peux pas vous laisser vous retrancher derrière le sondage de l'Association des maires de France, selon lequel la plupart des maires ne souhaitent pas se représenter lors des prochaines élections municipales en 2001, pour justifier une pseudo-urgence », assène Nicole Borvo (PCF, Paris). « Vous n'avez même pas attendu les premiers résultats de la concertation en cours, ce n'est pas raisonnable ! renchérit Marie-Claude Beaudeau (PCF, Val-d'Oise).

Nulle part, dans le rapport de la commission, je ne vois de réponse aux inquiétudes des victimes, poursuit-elle. L'élaboration de ce texte s'est déroulée en circuit fermé, vu le peu de monde qui y était convié. »

Elisabeth Guigou tente de raisonner les sénateurs, cite des exemples précis de décisions de justice – ce que personne n'avait fait auparavant. En vain. La garde des Sceaux doit utiliser des armes de procédure pour obtenir le retrait du texte, approuvée par les associations de victimes.

Un acte courageux qui sera le dernier. Elisabeth Guigou avait déclaré aux associations : « Nous prendrons le temps de discuter jusqu'à la session d'automne. » Pourtant, la ministre de la Justice est brusquement pressée d'en finir. L'obsession de tous les gardes des Sceaux, c'est de ne pas sortir politiquement « carbonisé » de ce poste très difficile. Justement, un remaniement ministériel est dans l'air. Elisabeth Guigou est sûre d'avoir tout pour elle : compétence, classe, et bien sûr beauté. L'ancienne collaboratrice de François Mitterrand veut se prévaloir d'une réforme de la justice bouclée pour succéder à Martine Aubry aux Affaires sociales. Matignon occupe déjà ses pensées. Aussi, le temps presse. Son texte le plus important, la loi sur la présomption d'innocence, a été adopté le 15 juin 2000. Reste à en finir avec cette absurde histoire de maires mécontents.

Celle qui est alors la figure de proue du gouvernement Jospin soumet donc aux associations de victimes un texte un peu modifié. Les intéressés hésitent. « J'ai soumis les propositions d'Elisabeth Guigou à nos avocats, se rappelle Edmond-Luc Henry, président de l'Association française des hémophiles. Leur réponse était claire : C'est un piège. Ces modifications mineures ne changeront rien devant les tribunaux, ne cédez pas ! » Une majorité d'associations, sous sa houlette, réclament donc l'abandon pur et simple du texte.

En revanche, regroupées derrière Olivier Duplessis, président de l'Association française des transfusés, quelques associations (hormone de croissance, catastrophe du Drac) se déclarent rassurées. « On ne pouvait pas obtenir mieux, il fallait faire un geste envers le gouvernement », explique aujourd'hui l'intéressé. Le front uni des victimes est rompu : deux communiqués de presse opposés sont adressés aux médias. Dans les salles de rédaction, l'effet est désastreux : la position des victimes devient incompréhensible. Les associations toujours opposées au texte font figure d'ultras, impossibles à satisfaire. Le soutien médiatique s'effondre aussi vite qu'il est apparu. « On s'est fait avoir », soupire aujourd'hui Olivier Duplessis.

Débarrassé de la pression des associations, le gouvernement conclut aussitôt un accord avec le Sénat. Le texte achève son parcours parlementaire à la vitesse de l'éclair. Adoptée à l'unanimité, la loi Fauchon n'est pas déférée devant le Conseil constitutionnel, qui ne peut ainsi l'examiner. Elle est promulguée au *Journal officiel*, le 10 juillet 2000. L'encre du *JO* était à peine sèche que Pierre Fauchon avertissait déjà : si cette loi ne donne pas satisfaction, « on en fera une autre[6] ».

Quatre jours plus tard, à l'occasion de la fête nationale, treize mille maires, invités par le Sénat à banqueter dans les jardins du Luxembourg, affluent à Paris. Les élus locaux prétendent commémorer la fête de la Fédération, le 14 juillet 1790, premier anniversaire de la prise de la Bastille. Sous un soleil éclatant, les députés et cent mille délégués de tous les départements, les « Fédérés », avaient alors formé un immense cortège qui traversait la Seine et gagnait la vaste esplanade du Champ-de-Mars. En présence de deux cent mille Parisiens, La Fayette, commandant de la Garde nationale, avait juré sur l'autel de la patrie de « rester à jamais fidèle à la nation ». Deux cent dix ans plus tard, leurs épigones ont perdu cet élan généreux. Quand les sénateurs prétendent imiter leurs ancêtres, le résultat est une mauvaise pièce jouée par des acteurs médiocres. Insensible au ridicule, Christian Poncelet déclare du haut d'une tribune, dans un tonnerre d'applaudissements : « Nous, les maires de France, sommes reconnus par nos compatriotes comme leurs élus les plus proches, les fédérés de l'an 2000 ! » L'opinion, abusée par le pilonnage médiatique de l'AMF, n'y voit que du feu et pense déjà à autre chose. Dans le cœur des Français, le maire avait vaincu le juge.

3

Ces juges aux habits trop grands pour eux

Chaque premier week-end de février, en plein hiver, une grande migration s'observe entre les palais de justice du pays et la petite ville de Saintes, en Charente-Maritime. Arrivé à la gare de cette charmante cité, on croise stars du barreau et présidents de tribunaux, députés et professeurs de droit. Direction : l'abbaye où, chaque année, se tient la thérapie de groupe des milieux judiciaires, les Entretiens de Saintes.

Inutile d'objecter qu'il serait plus facile d'organiser ces rencontres dans une grande ville : c'est ce que les participants veulent éviter. Venir à Saintes, c'est se retirer du monde le temps d'un week-end, faire retraite, apaiser les conflits qui divisent élus, juges et avocats. C'est aussi éprouver l'agréable sensation d'appartenir aux happy few, chaque fois qu'un maladroit veut vous inviter ce week-end-là, en répondant d'une voix douce : « Cher ami, ce serait volontiers, mais, vous comprenez, il y a Saintes... »

Ce 5 février 2000, la meilleure société se presse donc à l'abbaye aux Dames, un chef-d'œuvre de l'art roman, sur la rive droite de la Charente. Le thème retenu cette année, la responsabilité pénale des dirigeants, est finement intitulé : « Faut-il toujours un coupable ? » Député Démocratie libérale et vice-président de l'Assemblée, Philippe Houillon, avocat, ouvre les travaux : « Les élus et les citoyens attendent beaucoup de ces Entretiens, assure-t-il, car ils ont pris conscience de ce que le droit se faisait ou du moins se suggérait ici. » Faut-il comprendre : On se met d'accord entre nous, le débat au Parlement est une formalité ? C'est toute l'ambiguïté de cette rencontre, qui oscille entre un conclave d'intellectuels et du pur lobbying. Philippe Houillon poursuit : « Le Sénat a adopté en première lecture une proposition de loi sur le sujet dont nous débattons aujourd'hui. » Il résume le sentiment de ses collègues : « Les élus considèrent qu'ils n'ont pas les moyens d'assumer leurs responsabilités. On assiste à une inflation législative terrible : 7 200 lois, 80 000 décrets, 700 000 circulaires... A chaque fois, une sanction pénale est prévue en cas de non-respect du texte. L'élu est coupable. Les problèmes de la société sont traités comme dans un vaste jeu de Cluedo, en cherchant à engager la responsabilité pénale. Le pilori était infiniment plus doux que le lynchage médiatique dont les élus sont victimes aujourd'hui. »

Après cet exposé tout en nuances, le conseiller d'Etat Jean Massot, qui a présidé le groupe d'étude installé par Elisabeth Guigou sur le sujet, prend la parole. Le haut fonctionnaire préconise carrément de supprimer le délit d'homicide involontaire. « Je me souviens de l'époque où tout le monde avait ri d'un ministre qui s'était déclaré "responsable mais pas coupable". Pourtant, ce n'était pas si bête que ça ! » assure-t-il devant une assistance déconcertée.

Même Pierre Fauchon n'en demande pas tant. « Si vous ne sanctionnez que les chauffards volontaires, vous ne condamnerez plus personne et les accidents de la route augmenteront, répond le sénateur. Malheureusement, explique-t-il, nous devons veiller à maintenir une forte exigence de sécurité pour lutter contre les accidents de la route : la peur de la correctionnelle doit peser sur chacun. » Pierre Fauchon ne pense pas un instant que cette sage remarque pourrait s'appliquer aux élus. L'intellectuel qui anime les débats, François Ewald, approuve le sénateur : « On ne peut pas s'exonérer de ce qu'on a fait sous prétexte de ne pas l'avoir fait exprès. Une telle excuse n'est même pas valable entre un enfant et son père ! »

On passe alors la parole aux « juges d'en bas ». « Le sujet de notre rencontre est-il vraiment justifié ? s'interroge le procureur adjoint de Marseille, Marc Cimamonti. Entre 1995 et 1999, en matière de délits involontaires, on compte quarante-huit mises en examen d'élus locaux et quatorze condamnations sur une population d'un demi-million de personnes. D'où ma question : doit-on légiférer sur un simple malaise ? » A ces mots, Pierre Fauchon bondit : « L'important n'est pas de savoir si les cas sont nombreux. Le seul fait qu'il en existe est déjà de trop. »

Le procureur adjoint de Toulouse, Alain Guglielmi, vole au secours de son collègue : « J'ai toujours eu en tête un principe fondamental de la République : la loi s'applique à tous. Nous comprenons l'indignation des notables qui voient les magistrats faire leur travail et appliquer les lois votées par les élus. »

Les échanges prennent un tour nettement désagréable lorsqu'une personnalité respectée des milieux judiciaires, Me Michel Bénichou, président de la Conférence des bâtonniers et élu local à Grenoble, essaie de convaincre les juges à l'aide d'exemples concrets. « Le risque de paralysie de l'action publique est réel, assure-t-il. J'ai rencontré le problème dans ma ville à propos des aires de jeu des enfants. Beaucoup d'entre elles n'étaient pas du tout conformes aux normes de sécurité. Ça a provoqué un affolement des élus, qui s'est communiqué aux agents municipaux. Or, il était impossible de régler le problème. Il aurait fallu débloquer immédiatement 5 à 6 millions de francs pour la mise aux normes ! »

Mauvaise pioche : un ponte de l'université, Serge Guinchard, qui a été douze ans adjoint en charge des finances à Lyon, vole dans les plumes de l'avocat : « Quand on gère un budget de 4 milliards de francs et qu'il faut 8 millions pour les aires de jeu, on les trouve, rétorque le mandarin. Tant que la responsabilité des élus n'était pas engagée, leur vigilance n'était pas totale, notamment à l'égard de la sécurité des enfants. Le choc qu'éprouvent élus et hauts fonctionnaires actuellement, c'est celui que les chefs d'entreprise ont expérimenté il y a trente ans : la découverte de la justice pénale. Le bon côté est qu'aujourd'hui les règles de sécurité sont appliquées beaucoup plus sérieusement dans le monde du travail. »

La comparaison fait mouche. En 1975, Patrice de Charette – alors qualifié par la presse de « juge rouge » – avait fait la une des journaux en incarcérant pour la première fois un chef d'entreprise après un accident du travail mortel. L'intéressé avait ensuite été relaxé, sans que son épreuve émeuve beaucoup la classe politique. Encouragée par cette intervention, le juge d'instruction de l'affaire du sang contaminé, Marie-Odile Bertella-Geffroy, franchit la ligne jaune : « Je trouve incompréhensible cette volonté passionnée des parlementaires de modifier les bases du code pénal dans le seul but de protéger cinquante des leurs », lance-t-elle.

Pour les élus présents dans la salle, c'en est trop. Philippe Houillon sort l'arme nucléaire : « C'est facile, pour ceux qui n'assument pas de responsabilités, d'affirmer que ceux qui en ont s'autoprotègent. Rappelez-vous cette affaire où un juge aux affaires familiales, au mépris d'expertises médicales évidentes, a confié une fillette à sa mère démente, qui a tué l'enfant. Le magistrat n'a fait l'objet d'aucune poursuite pénale. Demain, il en sera peut-être autrement. Peut-être que vous tiendrez alors un autre discours, madame la juge ? » Autrement dit : Si vous voulez que nous soyons responsables, vous le serez aussi. Réfléchissez bien.

A cette remarque, l'assistance frémit. Les participants ont à l'esprit la composition du Conseil supérieur de la magistrature (CSM), qui gère les carrières et sanctionne les juges fautifs. Composé en majorité de représentants des magistrats élus par leurs pairs sur des listes syndicales, le CSM se distinguait alors par ses décisions disciplinaires invraisemblables : un président de tribunal condamné pour violences sur sa maîtresse qui, déplacé dans une autre juridiction, y préside toujours des audiences correctionnelles ; un magistrat grenoblois, habitué à photographier des jeunes femmes dénudées dans la salle d'audience, expédié comme juge aux affaires familiales à Sarreguemines... Certains syndicalistes du CSM ne font pas mystère d'être avocats de leurs adhérents poursuivis auprès de leurs collègues. La confusion des rôles est complète.

C'est dire que l'argument du député Philippe Houillon porte. Les juges se savent encore plus irresponsables que les élus, et entendent bien le rester. Sans surprise, les deux hauts magistrats présents à Saintes prennent ostensiblement leurs distances avec leurs collègues.

Le procureur de Paris de l'époque, Jean-Pierre Dintilhac, prend la parole le premier. Sa carrière l'apparente plutôt à un haut fonctionnaire qu'au magistrat lambda. Dix ans plus tôt, il était directeur de cabinet d'Henri Nallet, ministre de la Justice de François Mitterrand, quand a éclaté l'affaire Urba. La découverte de ce système de financement occulte du Parti socialiste menace alors le gouvernement et le cabinet du ministre auquel il appartient donne l'ordre au parquet de ne pas déclencher de poursuites. Devant l'ampleur du scandale, Henri Nallet quittera la place Vendôme politiquement fini, tandis que son ancien collaborateur poursuivra sa carrière sans encombre. En 1998, une fois la gauche revenue aux affaires, Elisabeth Guigou le fait nommer procureur de la capitale, un des plus beaux postes de la magistrature. Là, il se laisse aller à commettre quelques bourdes.

On se souvient encore, au Palais de justice de Paris, de son étonnement quand il assiste pour la première fois de sa vie à une audience de comparution immédiate, le lot quotidien des tribunaux correctionnels. S'adressant au substitut de permanence et voulant être aimable, Jean-Pierre Dintilhac lui dit : « Quel métier difficile vous faites ! » Mais c'est aussi un travailleur acharné, dévoué et reconnaissant à Elisabeth Guigou, et prêt à prendre des coups pour elle. Lorsque le haut magistrat intervient à Saintes, voilà trois mois que le gouvernement a passé un accord avec le Sénat. Aussi, le procureur de Paris prend le contrepied des juges qui se sont exprimés avant lui. Fidèle à son habitude, il fonce droit sur l'obstacle comme un taureau, et assure que la mise en cause des élus après un accident est une grave régression dictée par l'instinct de vengeance. « On retombe dans des réactions très primitives, assène le procureur, semblables à ces sociétés où, lorsque la sécheresse annonçait une famine, on cherchait une jeune fille à immoler. » Les antiques sénateurs en pures jeunes filles vouées au sacrifice, il fallait oser !

Ce n'est pas le procureur général de la Cour de cassation, Jean-François Burgelin, lui aussi présent, qui tiendrait un discours aussi caricatural. Très grand et maigre, habillé dans des couleurs sombres sans souci d'élégance, cet homme aux fines lunettes rondes a toujours l'air perdu dans ses pensées. Au premier abord, on pense avoir affaire à un professeur de latin à la Sorbonne ou un chimiste reclus dans son laboratoire. Cet ancien directeur de l'Ecole nationale de la magistrature sous Giscard, qui a dirigé le cabinet d'Albin Chalandon, garde des Sceaux RPR, de 1986 à 1988, aborde le problème en souplesse. Avare de ses apparitions médiatiques, il ne prendra qu'une seule fois la parole.

Il faut, pense-t-il, « dépénaliser une partie du contentieux qui nous préoccupe aujourd'hui ». Justement, une occasion se présente : les deux institutrices condamnées pour homicide involontaire dans l'affaire du Drac, où six écoliers et une accompagnatrice avaient péri noyés en 1995, ont saisi la Cour de cassation. Or, Jean-François Burgelin estime que les fautes qu'elles ont commises « ne sont pas suffisamment graves pour être pénales ». Il va donc demander à la Cour de cassation d'annuler la condamnation, et de revenir sur la définition de l'homicide involontaire en vigueur depuis... 1912.

« C'était dire aux parlementaires : Votez la loi Fauchon, je me charge de la faire appliquer », soupire le porte-parole des victimes d'accidents collectifs, Jacques Bresson. L'objection ne trouble pas Jean-François Burgelin. « J'étais très choqué de ces poursuites pénales contre des personnes qui n'avaient pas commis de fautes d'imprudences graves, explique-t-il aujourd'hui. Une chose est d'indemniser les victimes, une autre est de stigmatiser les responsables. Pour tout homme, a fortiori pour un "décideur", il est très pénalisant de comparaître en correctionnelle pour des négligences légères que chacun aurait pu commettre. La justice doit être réservé à ceux qui ont commis des méfaits. J'adhère à la philosophie de la loi Fauchon. »

Et le devoir de réserve ? « Contrairement au siège, je suis libre de m'exprimer publiquement, poursuit le procureur général. Je n'ai pas à garder le silence sur mes intentions. Je ne me sentais donc pas manquer au devoir de réserve en faisant cette déclaration. D'ailleurs, l'avocat général chargé de l'affaire du Drac avait déjà rédigé ses conclusions en toute indépendance. Je n'ai jamais compris pourquoi les médias choisissaient de reprendre un de mes propos plutôt qu'un autre, poursuit Jean-François Burgelin. J'ai fait des déclarations importantes qui sont passées inaperçues, et des commentaires anodins qui ont fait l'effet d'une bombe. »

En tout cas, le haut magistrat se montre fidèle à la ligne de conduite qu'il avait adoptée pendant l'affaire du sang contaminé, lorsqu'il avait estimé que ce dossier ne relevait pas du juge pénal. Le procureur général, qui représente l'accusation devant la Cour de justice de la République (CJR), avait alors demandé un non-lieu pour les trois ministres poursuivis, Laurent Fabius, Georgina Dufoix, ancien ministre des Affaires sociales, et Edmond Hervé, ex-secrétaire d'Etat à la Santé.

Les participants aux Entretiens de Saintes quittent donc les lieux avec la certitude que Pierre Fauchon a des alliés de poids. « M. Burgelin s'est fait l'écho d'un certain nombre de cercles parisiens, soupire l'avocat des victimes du Drac, Me Denis Dreyfus. Entre les hauts magistrats et les parlementaires, il y avait accord tacite et convergence d'intérêts. » Pourtant, tout pouvait encore changer si les deux grands syndicats de juges – le Syndicat de la magistrature (gauche) et l'Union syndicale des magistrats (USM apolitique) – avaient été décidés à s'opposer à la réforme en préparation.

Or, le bruyant Syndicat de la magistrature, qu'on aurait pu croire sensible au sujet, ne s'est pas manifesté jusqu'à ce que les associations de victimes tirent la sonnette d'alarme. Il s'en est ensuite tenu aux protestations minimales[1]. En trente-cinq ans d'existence, l'organisation issue de Mai 68 est passée du premier cercle au dernier carré. On ne compte plus qu'une centaine de participants à son congrès annuel. Le reflux aux élections professionnelles est régulier depuis quinze ans. Non que l'aventure du Syndicat mérite une condamnation sans nuance. Dans les années 70, les « juges rouges » ont bousculé une institution alors très hiérarchisée, soumise au pouvoir politique et déférente à l'égard de l'ordre social. Mais les jeunes magistrats savent que leurs aînés, qui posaient aux révolutionnaires, ont utilisé le militantisme comme un levier pour accéder aux plus beaux postes après 1981.

Comment relire sans sourire ces déclarations outrancières exhortant les juges à « saborder leur profession pour faire place à cette justice spontanée qui a surgi dans les favelas du Chili » ou à « participer à la création de contre-valeurs qui permettent au magistrat de rendre des décisions dans un sens socialiste » ? Les deux auteurs de ces morceaux de bravoure sont aujourd'hui procureur général et premier président de cour d'appel, bardés de décorations et gardiens vigilants des institutions. Quant aux jeunes trentenaires qui se succèdent à la direction du Syndicat depuis une quinzaine d'années, deux sont déjà devenus députés européens sur les listes du PS. Dans le corps judiciaire, la jeune génération se reconnaît davantage dans l'Union syndicale des magistrats, moins liée à une famille politique et qui met l'accent sur les revendications matérielles.

Or, la puissante USM a carrément poussé à l'adoption de la loi Fauchon à l'initiative de son président, Valéry Turcey. Un personnage énigmatique dont l'ascension a coïncidé avec l'audace inédite des juges d'instruction dans les années 90. Alors que les médias montraient un intérêt nouveau pour la justice et cherchaient des interlocuteurs, le jeune magistrat s'est imposé comme le porte-parole de sa profession. Tous les journalistes judiciaires sont devenus familiers de son physique de catcheur et de sa haute taille. Une notoriété qui, unie à un sens aigu des rapports de force, lui a permis d'être élu président de l'USM à 36 ans. Au moment de l'opération « sauvons les maires », c'est un homme avec qui Elisabeth Guigou doit compter. Valéry Turcey a gardé le silence pendant la polémique sur la proposition de loi du Sénat, assurant au garde des Sceaux une tranquillité appréciable sur le front syndical. Quelques mois plus tard, il jette le masque et salue la nouvelle législation, qu'il juge « courageuse ».

Ce soutien a une raison simple. La réforme présente l'intérêt d'envoyer au pilon des dossiers compliqués que les juges, à quelques exceptions près, ont toujours traités avec répugnance. Très intelligent, le syndicaliste Valéry Turcey a perçu que « les affaires politico-sanitaires joueront, dans les dix prochaines années, un rôle aussi important que les affaires politico-financières dans les années 90 ». Mais il déclare d'avance que, cette fois-ci, il n'y aura pas d'Eva Joly au rendez-vous. Il a fallu un concours de circonstances exceptionnel pour que les juges réussissent à instruire et juger des scandales financiers. Cette fois-ci, la marche est trop haute, le miracle ne se reproduira pas, les juges déposeront les armes sans combattre. « Notre système judiciaire n'est pas armé pour faire face à ces procédures nouvelles qui impliquent des décideurs publics ou des médecins, argumente aujourd'hui Valéry Turcey pour expliquer sa position de l'époque. La justice a été pensée pour traiter des divorces ou sanctionner des petits délinquants, pas pour se pencher sur l'hormone de croissance ou l'amiante. Les juges n'en ont ni le temps ni les moyens matériels. » La justice pour les divorces et les petits délinquants, rien de plus ! Formidable aveu mais qui peut choquer.

Des enterrements de première classe pour des affaires sensibles, bien sûr, vont choquer l'opinion. Aussi, le syndicaliste se défausse au passage sur les hommes politiques : « On ne pourra pas reprocher aux magistrats de mettre en pratique une loi votée par le Parlement », martèle-t-il. Vous trouvez choquant que les juges renoncent à faire leur travail ? Valéry Turcey recourt alors à la même mauvaise foi que les amis du sénateur Fauchon. La France, assure-t-il, va suivre la voie des Etats-Unis et se transformer en un gigantesque palais de justice où chacun plaide contre tous. Il prédit un « afflux brutal de centaines de milliers de plaintes simultanées » (amiante, méfaits sur la santé des OGM ou des portables). « Ce scénario explosif de justice-fiction se réalisera un jour. Tous les ingrédients sont réunis, la seule incertitude concerne le moment où se produira l'étincelle[2]. » Et le syndicaliste d'ajouter, pour être bien compris : « La mondialisation juridique, comme la mondialisation économique, menace l'équilibre de la société française. » José Bové-Valéry Turcey : même combat ! Le magistrat invite ses collègues à défendre « l'exception française », « barricadés derrière la loi Fauchon » : des juges « barricadés » derrière une loi inique : dans quel pays vit-on ?

En réalité, les chiffres indiquent simplement que la France sortait de son sous-développement juridique et s'alignait sur ses voisins. Mais il est bien commode de brandir l'épouvantail de l'américanisation de la justice pour défendre le confort des magistrats. En somme, Valéry Turcey est d'accord avec les élus pour défendre le statu quo, même si c'est pour des raisons différentes. L'intéressé a choisi son camp : celui de la défense d'un ordre institutionnel rétrograde.

Les autres pouvoirs au sein du corps judiciaire partagent peu ou prou l'analyse du syndicaliste, sans le crier sur les toits du palais de justice. Le Conseil supérieur de la magistrature est resté silencieux pendant les polémiques sur cette loi d'autodéfense de la classe politique, alors qu'il a pris l'habitude de donner son avis sur les réformes concernant la justice même quand on ne lui demande rien. En 1999, cet aéropage avait ainsi apporté son soutien au projet de loi modernisant les tribunaux de commerce. Les chefs de juridiction, eux aussi, se sont tus, alors qu'ils sermonnent chaque année les politiques lors des audiences solennelles de rentrée.

Ce discret acquiescement a une signification simple : la justice refuse de se dissocier plus avant de l'appareil politico-administratif. Les magistrats renâclent au moment de faire le grand saut. Ils ne veulent pas assumer leur rôle de troisième pouvoir et se contentent d'être une « autorité judiciaire » que la Constitution place sous la protection du président de la République. Dans aucune autre démocratie, on ne prétend subordonner l'indépendance d'un pouvoir au bon plaisir d'un autre. Mais la magistrature goûte le charme discret de cette position en retrait. Pas d'embrouilles, pas trop de responsabilités, peu d'affrontements : à quoi bon grandir et devenir un vrai pouvoir judiciaire ? Dès lors, les juges ne peuvent s'étonner d'être perçus par les politiques comme un corps de fonctionnaires parmi d'autres, qui se plaint sans cesse, mais s'accommode finalement de sa situation.

Les juges avaient d'autant moins de raisons de s'opposer à cette loi d'Ancien Régime que, au même moment, le projet de commission d'examen des plaintes des justiciables, envisagé par Elisabeth Guigou, sombrait dans la tourmente du Congrès avorté de janvier 2000. Or, cette commission était un chiffon rouge pour le corps judiciaire : comme les élus, les magistrats refusent avec hargne l'idée d'assumer leurs actes. L'affaire des disparues de l'Yonne l'a démontré de façon accablante. Emile Louis, soupçonné d'avoir assassiné sept jeunes handicapées mentales dans la région d'Auxerre entre 1977 et 1979, a échappé à la justice pendant vingt ans. Lorsque le scandale éclate, fin 2000, des poursuites disciplinaires sont déclenchées contre quatre magistrats qui se sont succédé au parquet d'Auxerre au cours de cette époque. Or, non seulement les quatre magistrats n'ont jamais eu un mot d'excuse ou de regret, et estiment n'avoir commis aucune faute, mais les syndicats de la profession les ont défendus au-delà de toute décence. Valéry Turcey – encore lui – a ainsi déclaré : « L'affaire des disparues de l'Yonne est une affaire déjà ancienne. De mémoire, elle a commencé dans les années 80 : à l'époque, cela n'a fait aucun bruit. Ce ne doit pas être un hasard si elle resurgit en ce moment[3]... » Il insinue donc que cette affaire est utilisée pour déstabiliser les juges, un complot en somme. C'est exactement ce qu'affirment tous les hommes politiques mis en cause par la justice. Aux Entretiens de Saintes, le député Philippe Houillon avait vu juste : les juges sont beaucoup moins différents des politiques qu'ils ne l'imaginent...

Les magistrats veulent-ils vraiment une société fondée sur le droit ? Cela n'a rien d'évident. Avant d'être des juges, les hommes qui exercent ce métier sont des Français : ils veulent que la loi s'applique aux autres, mais pas à eux. Ou le moins possible. Et ils sont pleins d'indulgence pour les professions qu'ils côtoient. En 1999, à la maison d'arrêt de la Santé, un détenu placé en isolement après une rixe se suicide. L'enquête établit que les surveillants avaient oublié d'enlever au malheureux sa ceinture, qui lui a servi à se pendre. Le juge d'instruction chargé de l'affaire met en examen pour « homicide involontaire » deux gardiens et le directeur de la prison de l'époque, Alain Jego. Le magistrat leur reproche de ne pas avoir respecté les règles de sécurité alors même que le défunt avait déjà, dans le passé, tenté de mettre fin à ses jours. Or, dans les milieux judiciaires, Alain Jego a très bonne réputation. Les magistrats qui le connaissent sont révoltés par cette mise en examen qu'ils jugent scandaleuse alors que, quand une personne dénonce sa mise en examen comme injuste, ils trouvent ses protestations démagogiques.

Les magistrats ne veulent pas non plus admettre qu'ils terrorisent tout le monde, même les innocents. Il suffit pourtant d'être gibier et non plus chasseur pour changer d'avis. Mise en cause dans l'affaire de la scientologie, la juge d'instruction Marie-Paule Moracchini s'indigne ainsi : « Quand on voit, comme moi, le système fonctionner, on prend peur [...]. J'ai été calomniée et blessée. Des proches ont souffert, parce que ce qui se passait était monstrueux et injuste. L'injustice est, je crois, un des sentiments les plus violents que puisse éprouver un être humain [4]. » Y avait-elle jamais pensé en envoyant un suspect en prison ? Avait-elle été sensible, jusque-là, au risque de confusion des fonctions de juge, d'enquêteur et de procureur ? Combien sont-ils à peser les dangers d'une instruction conduite uniquement à charge ou d'une proximité excessive avec les policiers ?

De même, quand un magistrat sort indemne d'une procédure disciplinaire, il réclame aussitôt une réforme de la loi, comme un homme politique qui tire des leçons générales à partir de son expérience personnelle. Le seul magistrat « relaxé » par le Conseil supérieur de la magistrature dans l'affaire des disparues de l'Yonne, Bertrand Daillie, s'est aussitôt présenté aux élections du Conseil supérieur de la magistrature avec le label de l'USM et pour programme : « Plus jamais ça. »

Quant à Jacques Cazals, sanctionné pour « manquement à l'honneur » dans le même dossier – avant d'obtenir l'annulation de sa sanction par le Conseil d'Etat –, il déclare aussitôt après : « J'ai été sanctionné à une voix près[5]. » Comment le sait-il, puisque les juges du CSM sont tenus de conserver le secret des délibérations ? Enfreindre cette règle est même un délit.

Et que dire de ces hauts magistrats éminents amenés à statuer sur des affaires politico-financières et qui, pendant des années, ont arrondi leurs fins de mois en rendant des arbitrages à titre privé au mépris des textes ? Ces spécialistes du droit des affaires ou de la concurrence offraient leurs services à des entreprises pour trancher des litiges en qualité de « juges privés »... et rémunérés. Les honoraires dépassaient fréquemment les 100 000 francs. Le statut de la magistrature a beau interdire « toute autre activité professionnelle », hors dérogations ponctuelles, les intéressés consacraient, de fait, une partie de leur temps à une activité « libérale » – au risque de conflits d'intérêts évidents.

La notion d'impartialité pose aussi des difficultés très concrètes dont on se soucie peu. Ainsi, dans l'affaire du sang contaminé, un incident a ajouté à l'amertume des victimes. A la Cour de cassation, le président de la chambre criminelle appelé à juger l'affaire, Bruno Cotte, était procureur de Paris au moment des premières plaintes d'hémophiles. Or, le haut magistrat du parquet avait décidé à l'époque de ne pas ouvrir de poursuites. Quinze ans plus tard, le voilà haut magistrat du siège, qui doit décider de refermer ou non le dossier. Peut-on être impartial dans ces conditions ? L'intéressé accepte d'évoquer le problème. Le haut magistrat reçoit le visiteur dans son bureau, sous le portrait en pied de Hérault de Séchelles, favori de Marie-Antoinette passé à la Révolution, premier procureur général de la Cour de cassation guillotiné avec Danton. « Je pensais vraiment que j'avais le recul suffisant pour siéger, argumente Bruno Cotte. Ce n'était pas une situation agréable, mais c'était mon devoir. Me déporter aurait été une dérobade[6]. » Cette réponse pourrait être contresignée par de nombreux énarques, qui pensent que la déontologie supplée à tout. Or, ce raisonnement est l'héritage d'une mentalité aristocratique. Sous la Restauration, un ministre de Charles X tenait déjà ce discours à la chambre des députés pour expliquer que le sens de l'honneur des serviteurs de l'Etat les préservait de toute tentation. Et un orateur célèbre, Royer-Collard, avait fustigé ce sophisme de grand seigneur par une réplique restée fameuse : « L'important n'est pas ce que vous ferez, mais ce que vous aurez le pouvoir de faire. » Deux siècles plus tard, les réflexes n'ont pas changé : quelle formidable permanence des comportements !

Cette indifférence aux conflits d'intérêts n'est pas d'ailleurs la seule parenté que les juges ont avec les élus. Très marqués par les mœurs de l'Eglise catholique, les juges, non moins que les énarques, se considèrent comme des grands prêtres chargés d'exprimer une vérité dont ils auraient seuls la révélation. Le magistrat porte la robe comme le prêtre, prête serment de « garder religieusement le secret des délibérations » et surnomme les membres du CSM qui ne sont pas magistrats les « laïcs ». Corps muré dans la crainte du monde extérieur, il revendique le monopole du savoir. Pour préserver son autorité, il s'entoure d'un secret absolu. Les citoyens ignorent tout des débats entre juges : le jugement est « révélé » par le tribunal comme les tables de la loi sur le Sinaï. Au contraire, les juges anglo-saxons assument leurs choix et le justiciable sait qui a voté quoi. On publie les opinions divergentes, comme le pasteur qui, le dimanche, au temple, discute de son interprétation de la Bible avec les fidèles. Les points de vue minoritaires sont annexés à l'arrêt, portés à la connaissance de tous, librement discutés sans que l'autorité de la justice y perde. On cherche l'adhésion d'hommes libres au lieu de contraindre des sujets à mettre un genou en terre.

Une forte pression collective règne aussi dans cette profession. Comme en politique, on préfère cacher les tares de la famille de peur de les voir exploitées par l'adversaire. Le président du tribunal de Paris, Jean-Claude Magendie, en sait quelque chose. En janvier 2002, à l'occasion de l'audience solennelle de rentrée de sa juridiction, le haut magistrat avait décidé d'évoquer le problème de la responsabilité des juges. Le contexte est lourd. Un truand récidiviste, Jean-Claude Bonnal, dit « le Chinois », placé en détention provisoire puis remis en liberté, est alors soupçonné d'avoir tué plusieurs personnes aussitôt libéré. La polémique fait rage. De nombreuses voix s'élèvent pour réclamer des sanctions contre les auteurs de cette « bavure judiciaire ». Bien qu'il soit en lice pour devenir président de la cour d'appel de Paris et fasse figure de favori, Jean-Claude Magendie refuse d'éluder ce sujet qui fâche. Dans son discours prononcé devant ce que la justice compte de plus distingué, le haut magistrat dit en substance : Le statu quo est intenable. Appliquer pleinement les textes en vigueur apporterait un début de solution. Quand une faute grave de la justice est due au comportement blâmable d'un magistrat, le garde des Sceaux doit se retourner vers le fautif et exiger qu'il rembourse à l'Etat la somme versée aux victimes à titre d'indemnisation. La loi, en effet, donne ce droit au ministre de la Justice, mais celui-ci ne l'a jamais exercé. Qu'il le fasse, malgré les réticences de certains magistrats, explique Jean-Claude Magendie. Quand les sanctions pénales, disciplinaires et civiles jouent pleinement leur rôle, la demande d'une responsabilité personnelle du magistrat diminue. Refuser toute évolution, c'est se faire l'allié de ceux qui veulent rabaisser la justice.

La riposte des syndicats ne s'est pas fait attendre. Majoritaires au CSM, ceux-ci ont choisi un autre haut magistrat pour devenir président de la cour d'appel de Paris. Dans tous les tribunaux du pays, le signal a été compris : tout juge qui rompra avec la langue de bois sera puni.

Dans l'équilibre de la terreur qui prévaut entre juges et politiques, aucune des deux corporations n'est donc « blanc-blanc ». Certains hauts magistrats en sont conscients, mais répondent que le mépris du droit est une tendance de fond de la société française. « On ne compte plus les élus condamnés pour des affaires financières qui sont réélus sous les vivats de leurs administrés, fait observer l'un d'eux. Même dans les affaires où il y a mort d'homme, la bienveillance prévaut. En 1999, Edmond Hervé, ancien ministre délégué à la Santé, a été déclaré coupable d'homicide involontaire dans l'affaire du sang contaminé par la Cour de justice de la République. Deux ans plus tard, il était réélu maire de Rennes. Ce serait impensable chez nos voisins et c'est pourtant la réalité. Vous croyez que ça incite les tribunaux à faire du zèle ? On ne peut pas demander aux juges d'être plus royalistes que le roi. »

Certains tribunaux n'appliqueront pourtant la loi Fauchon que la mort dans l'âme. Le 4 juillet 2000, six jours avant le vote définitif de ce texte, le tribunal correctionnel de Versailles n'hésitait pas à affirmer : « Toute faute sans laquelle le dommage ne se serait pas produit doit être sanctionnée. » C'est précisément ce que la nouvelle législation veut empêcher. Au moment d'adopter cette mesure digne de l'Ancien Régime, les parlementaires craignaient malgré tout que les juges ne se rebellent et ne vident le texte de sa substance. Le 29 juin 2000, à l'Assemblée, le rapporteur, René Dosière, insiste lourdement : « Madame la garde des Sceaux, la commission des lois de l'Assemblée nationale, unanime, souhaite que vous puissiez, dans une circulaire interprétative, faire explicitement référence à ses travaux. L'application de la loi par les magistrats exige que l'on s'attache à respecter les intentions du législateur telles qu'elles ressortent des travaux préparatoires. S'agissant de ce texte, on ne pourra pas dire que les rapports parlementaires de l'Assemblée sont imprécis quant aux intentions du législateur ! » Sourires sur les bancs de l'Assemblée. Mais large approbation sur le fond de la tirade.

Le message sera reçu 5 sur 5 : les juges vont se précipiter sur le nouveau texte et l'appliqueront en respectant parfaitement sa lettre et son esprit. Dans les décisions les plus choquantes, on va trouver des formules telles que le souhait de « ne pas trahir la volonté du législateur ». C'est-à-dire en langage clair : puisque vous l'avez voulu, vous allez voir ce que vous allez voir. Les Français ne seront pas déçus.

4

Des maires intouchables

Le temps était splendide ce 12 mai 1999, dans la paisible commune de Courçon d'Aunis, en Charente-Maritime. Peu avant 14 h 30, un adolescent de 13 ans et demi, Denis B., quitte la maison de sa grand-mère pour jouer au ballon sur le terrain de foot de la commune. Arrivé sur les lieux, il cherche à attraper la barre transversale de la cage de gardien de buts. Or, celle-ci n'est pas fixée au sol, se renverse et l'écrase au niveau du torse. Transporté aux urgences de La Rochelle, il meurt le soir même à 20 h 30.

Lorsque le maire et conseiller général de la ville, Bernard Drappeau, comparaît en septembre 2000 devant le tribunal correctionnel de La Rochelle pour « homicide involontaire », il est le premier élu à bénéficier de la loi Fauchon, adoptée deux mois plus tôt. Assurément un brave homme, il a pourtant appelé ses collègues au secours en déclarant à la presse à la veille du procès : « Les élus sont tous sur la sellette à travers moi[1]. »

A l'audience, le procureur reproche à Bernard Drappeau d'avoir « fermé les yeux trop longtemps ». Le maire n'a pas respecté une obligation de sécurité imposée par la loi, en l'occurrence un décret de 1996 précisant les précautions à prendre avec les cages de buts, cause d'accidents fréquents. Ce décret est un classique, connu de tous les édiles. En outre, Bernard Drappeau avait reçu une lettre du préfet adressée à tous les maires du département et disant en substance : Attention ! n'oubliez pas de vérifier que les cages de gardien de buts sont fixées au sol. C'est très important. Enfin, le proviseur du collège de la commune avait si peu confiance dans la sécurité des cages de foot qu'il aurait interdit au professeur de sport de les utiliser.

Or, malgré les réquisitions du parquet qui demandait une peine symbolique, le tribunal correctionnel relaxe purement et simplement le maire. Sur les bancs du public, les parents et grands-parents de la victime écoutent, atterrés, le raisonnement des juges. « Il n'est pas démontré que l'attention du maire ait été attirée de manière précise et certaine sur la présence sur le terrain de football de ces buts amovibles. » Traduction : En vertu de la nouvelle loi, ce n'est pas au maire de faire son travail, c'est à d'autres de le faire à sa place. Il suffit de ne pas savoir, ou de préférer ignorer, pour être absous.

Le professeur Claude Got avait vu juste en dénonçant la perversité du raisonnement des parlementaires : « Cette loi incite à en savoir le moins possible, car il faut avoir conscience d'un risque pour être sanctionné. Si on est juste imprudent ou négligent, on est sauvé. » L'impunité est donc le principe, la responsabilité l'exception. Les victimes n'ont droit qu'à une indemnité, d'ailleurs scandaleusement faible par rapport à ce qui est accordé à l'étranger. La mort de leur enfant « vaut » 240 000 francs aux parents, 50 000 francs à son frère, et 80 000 francs à chaque couple de grands-parents.

La justice a aussi « blanchi » le maire d'une petite commune de l'Oise n'ayant pris aucune précaution lors d'un cortège dans les rues qui s'est soldé par des blessures sérieuses pour deux fillettes. A l'occasion de la Saint-Jean, un défilé avec fanfare et majorettes avait été organisé. Or, aucun panneau, aucune barrière de sécurité, aucune déviation n'avaient été prévus sur l'axe routier principal qui traversait le village de Bonvillers. Aucun policier, aucune voiture avec gyrophare ne précédait le cortège. Alors que la nuit commençait à tomber, une Peugeot 205 conduite par un chauffard déboule à plus de 100 km/h et blesse gravement deux enfants. Malgré tout, la Cour de cassation a annulé la condamnation symbolique (10 000 francs d'amende !) prononcée par les juges d'Amiens, trop sévère à ses yeux[2].

Jacques Bresson, délégué général de la Fédération nationale des victimes d'accidents collectifs, ne cache pas son amertume : « Il est inconcevable qu'on prétende exercer la charge de maire, jouir du prestige de la fonction et bénéficier de la considération de ses concitoyens, tout en se défilant quand se produit un accident qui aurait pu être évité avec un peu de rigueur. »

Certaines affaires, en effet, conclues dans le passé par une condamnation du maire, aboutiraient aujourd'hui à une relaxe. « En 1992, sur le territoire d'une petite commune de l'Isère, Corrençon-en-Vercors, deux skieurs ont été tués par une avalanche sur une piste, rappelle Nicole Vidale, qui a fondé une association pour la sécurité en montagne après la mort de plusieurs proches. Une lettre du préfet avait attiré l'attention du maire sur ce risque et l'intéressé n'avait pris aucune mesure de sécurité. Les juges l'ont reconnu coupable d'homicide involontaire et condamné à deux mois de prison avec sursis et 10 000 francs d'amende[3]. Dans une autre affaire, où une enfant a été ensevelie sous une avalanche sur une piste bleue, le maire, responsable de nombreuses carences, a eu quatre mois de prison avec sursis. Comment avoir l'indécence de prétendre que c'était trop sévère ? Aujourd'hui, la nouvelle législation aboutirait à blanchir ces deux élus, s'alarme Nicole Vidale. En outre, l'édile qui, par sens du devoir, s'occupe lui-même de tous les problèmes de sécurité s'expose plus à des sanctions que celui qui les esquive volontairement. »

De fait, dans certains cas, les juges condamnent les maires du bout des lèvres en posant les jalons d'une irresponsabilité future. Ainsi, le 11 juin 2003, la Cour de cassation approuve la condamnation symbolique (15 000 euros d'amende) du maire d'une petite commune des Pyrénées-Orientales après un mort et deux blessés par électrocution lors d'un bal disco organisé par la municipalité. L'équipement électrique était défectueux : au cours de la soirée, trois jeunes s'électrocutent en s'appuyant sur les barrières métalliques délimitant la piste de danse. Or, les hauts magistrats précisent que, s'ils acceptent d'infliger une sanction symbolique au maire, c'est que l'élu se « doit d'être d'autant plus présent que sa commune est plus petite ». A contrario, « l'édile d'une grande ville peut donc déléguer certains de ses pouvoirs et échapper ainsi à la justice grâce à la nouvelle loi[4] ».

Plus l'élu dirige une grande ville, plus il est assuré de l'impunité. Le 27 novembre 1997, un étudiant de 20 ans, Robin Le Scoul, est tué de deux coups de couteau en plein cœur, rue Saint-Michel, dans le centreville de Rennes. Les parents de la victime portent plainte pour « mise en danger délibérée d'autrui » contre le maire, Edmond Hervé. Une première dans notre pays, qui déclenche, on l'aura deviné, l'indignation de l'Association des maires de France. A première vue, le recours à la justice paraît en effet choquant après un tel drame. On ne peut pas demander un « risque zéro » aux édiles. Mais l'examen des faits conduit à une appréciation plus nuancée.

A Rennes, tout le monde sait que la rue Saint-Michel, une rue piétonne très animée, était devenue les mois précédant le meurtre une zone de non-droit. A la nuit tombée, les dealers tenaient marché en pleine rue. Des groupes de marginaux, bouteilles de bière à la main, traînaient avec des chiens sans laisse ni muselière. Les bagarres étaient quotidiennes, et les agressions fréquentes, parfois au couteau.

Deux mois avant la tragédie, commerçants et habitants du quartier avaient adressé une pétition à la ville et manifesté devant l'hôtel de ville. *Ouest-France* avait rendu compte de leur inquiétude dans un article intitulé « La complainte de la rue Saint-Michel ». La municipalité était donc parfaitement au courant. C'est délibérément qu'elle a choisi de ne pas tenir compte de ces appels au secours. Dans ces conditions, le maire de la ville est-il tout à fait innocent de la mort du jeune homme ? Si les parents de Robin Le Scoul ont porté plainte, c'est parce que, selon eux, « le maire a laissé se développer les conditions d'un crime de rue ». Lors du procès du meurtrier, l'avocat général a d'ailleurs fustigé la « démission de l'autorité publique dans ce quartier maudit ». Les habitants du quartier semblent du même avis : « La mort de cet étudiant n'est pas un hasard, estime Maxime, le patron du bar 1929, situé à deux pas de la place Sainte-Anne. Depuis six mois, des dealers se comportent ici en pays conquis. Ils rackettent en toute impunité. Si on leur avait mis la pression à temps, ce crime n'aurait pas eu lieu[5]. »

En cas de plainte avec constitution de partie civile, une enquête est de droit. Or, le juge d'instruction qui a reçu la plainte des parents de la victime a refusé de faire la moindre investigation. Motif ? La nouvelle législation, bien sûr. S'abritant derrière ce texte, le magistrat a estimé qu'Edmond Hervé « n'a violé aucune de ses obligations particulières en matière de police municipale ». Comment le sait-il, puisqu'aucune enquête n'a eu lieu ? Saisie par les parents de Robin Le Scoul, la Cour de cassation a pourtant entériné ce déni de justice[6].

Il n'y a pas que les maires à être ainsi protégés. Dans l'Orne, peu après le changement de la législation, un chauffard a tué un enfant qui attendait le car au carrefour de deux routes départementales pour se rendre à l'école. L'Abribus avait été retiré par le département mais le point d'arrêt maintenu alors qu'il existait un aménagement sécurisé dans un village, à moins de quatre cents mètres. Le 26 février 2003, par conséquent, la cour d'appel de Caen condamne le conseil général pour homicide involontaire. Les magistrats constatent que « le point de ramassage présentait toutes les caractéristiques d'un point d'arrêt sauvage, et aurait dû être supprimé quand l'abri a été retiré ». Et les juges de souligner la « légèreté des mesures de sécurité prises par le président du conseil général, maître du choix de l'implantation des arrêts et responsable de la sécurité en matière de transport scolaire ». La peine est, là encore, symbolique : 5 000 euros d'amende. C'est encore trop pour la Cour de cassation, qui annule la condamnation et « blanchit » le département[7].

« Cette loi entraîne une déresponsabilisation des acteurs de la société, argumente Jean-Jacques Mengelle, président de la Fédération nationale des victimes d'accidents collectifs. Les parlementaires ont donné un blanc-seing à la routine, la négligence, le manque de conscience professionnelle. Or, c'est la réunion de tous ces comportements qui produit les catastrophes. »

A la relaxe au procès s'ajoute l'effet en amont, qui est encore plus pervers. Certaines affaires ne voient même plus le jour et restent inconnues de l'opinion. Les juges d'instruction sont tenus d'appliquer les nouvelles règles pour prononcer des non-lieux après une brève enquête, quand ils veulent bien en faire une. Policiers et gendarmes, pour leur part, peuvent être dissuadés de s'investir à fond dans des dossiers perdus d'avance. Personne n'est aujourd'hui en mesure de mesurer cet effet pervers, mais il n'est que trop réel. Dans une étude sur le bilan de la loi où chaque mot est soupesé, la Cour de cassation conclut ainsi à une « dépénalisation partielle. La rupture avec le droit antérieur est très nette[8] ».

Comme si le souci d'échapper au sort du commun des mortels ne suffisait pas, les parlementaires ont complété le dispositif protecteur des élus locaux. Comment ? En rognant les pouvoirs des chambres régionales des comptes, qui avaient pourtant fait leurs preuves depuis vingt ans. Cauchemar des maires, ces magistrats financiers contrôlent la gestion des communes, départements et régions, de leurs satellites – offices d'HLM, sociétés d'économie mixte, associations subventionnées – et des établissements qu'elles financent – collèges et lycées, hôpitaux. Les chambres régionales des comptes représentaient le seul frein – bien modeste, et pourtant dénoncé par les élus comme insupportable – au gaspillage de l'argent public.

A l'occasion d'un contrôle, les magistrats financiers pouvaient aussi déceler un délit financier – prise illégale d'intérêts, favoritisme – et transmettre alors le dossier au parquet. La plupart des affaires politico-financières célèbres, comme les HLM de la ville de Paris ou les marchés publics des lycées d'Ile-de-France, ont débuté ainsi. Dans le cadre de la loi Rocard organisant le financement des partis politiques et son contrôle, en 1990, le législateur a décidé de rendre publiques les observations des chambres régionales sur la gestion des collectivités locales, avec obligation d'en faire état dans les assemblées délibérantes. Le président de la chambre régionale des comptes de Provence-Alpes-Côte d'Azur, Alain Sérieyx, résume cette évolution : « L'esprit public, qui tolérait pratiques et arrangements, les trouve désormais intolérables. »

Les « observations » des magistrats financiers sur la gestion des élus sont relatées par la presse locale. Débouchant rarement sur des sanctions, elles assurent avant tout une mission d'information, nourrissent le débat politique et décident parfois de l'issue des élections suivantes. « Les chambres régionales des comptes ne condamnent pas, elles éclairent. Les magistrats financiers ne sanctionnent pas, ils obligent les élus à s'expliquer publiquement sur l'utilisation des fonds mis à leur disposition », explique un membre de la Cour des comptes Laurence Engel[9].

C'est déjà trop pour les élus. Après un essai infructueux en 1997, les sénateurs (encore eux) ont obtenu gain de cause auprès d'un Lionel Jospin sur la défensive. Lors des débats au Parlement, seul le PCF, par la voix de Robert Bret, l'élu des Bouches-du-Rhône, qui s'était déjà illustré contre la loi Fauchon, a protesté contre « ce désir de réformer les chambres régionales des comptes poussé jusqu'à l'obsession ». En vain. Les deux Chambres ont adopté à la quasi-unanimité la loi du 21 décembre 2001. Désormais, un élu peut contester l'appréciation de mauvaise gestion et exiger une nouvelle délibération... et il aurait tort de s'en priver. Si les juges persistent, les édiles gagnent un droit de réponse à leurs « observations », qui résultent pourtant d'un long processus contradictoire. Ces « observations » ne pourront même plus être rendues publiques dans les trois mois précédant une élection. « En période préélectorale, la publication d'un rapport a un impact considérable, explique le sénateur RPR Patrice Gélard (Seine-Maritime). Nous ne pouvons plus accepter une telle dérive[10]. » C'est clair : les élus refusent de s'incliner et prétendent avoir le dernier mot. En outre, si le contrôle intervient dix-huit mois avant la fin de leur mandat, ils peuvent aussi essayer de « jouer la montre » jusqu'aux élections.

Enfin, tout élu déclaré « comptable de fait », c'est-à-dire ayant manié des fonds publics sans y être habilité, souvent par l'intermédiaire d'une association fictive, cesse d'être automatiquement inéligible s'il ne rembourse pas rapidement les sommes en cause. Cette sanction ne pourra plus être prononcée que par la justice pénale, une fois les voies de recours épuisées. Ce qui laisse le temps de voir venir.

La loi Fauchon et la réforme des chambres régionales des comptes ont été concoctées à la même période. Le 22 mars 2000, l'Assemblée nationale a même étudié ces deux textes l'un après l'autre. L'inspiration est identique : neutraliser tout ce qui peut menacer la longévité exceptionnelle des élites locales. Les parlementaires ont assuré aux édiles un confort maximal dans ces deux domaines à risque. La relance de la décentralisation, chère à Jean-Pierre Raffarin, promet de belles surprises.

5

L'Ancien Régime de retour

« Aucun d'entre nous n'est à l'abri d'une mise en cause. » L'homme qui s'exprime ainsi est l'ancien préfet de la région Ile-de-France, Joël Thoraval, actuellement président de la commission nationale consultative des droits de l'homme. Lors de la genèse de la nouvelle législation, le haut fonctionnaire, d'ordinaire discret, était monté au créneau pour soutenir l'initiative des sénateurs. Se faisant le porte-parole de ses collègues, il avait expliqué les raisons de leur inquiétude dans la revue *Justices*[1] : « J'ai été préfet des Hauts-de-Seine, département où le nombre d'établissements recevant du public était colossal. Leur bon fonctionnement aurait supposé des centaines de réunions de commissions, malgré un nombre d'agents de prévention extrêmement limité, avait-il argumenté. J'aurais pu avoir des problèmes et on m'aurait alors reproché de n'avoir pas réuni telle ou telle commission. Aucun d'entre nous n'est à l'abri d'une mise en cause. »

Ce qui frappe dans ce discours, c'est la bonne conscience avec laquelle le préfet révèle les carences du système et la difficulté de respecter totalement la réglementation. Un abîme sépare l'image que l'Etat veut donner de son fonctionnement et les pratiques réelles. L'administration considère comme une victoire la production de normes très sophistiquées, et comme une anomalie qu'on prétende les appliquer. Elle est souvent intransigeante sur le papier et laxiste sur le terrain. Cet état d'esprit, longtemps admis, est aujourd'hui perçu comme scandaleux par l'opinion quand la sécurité d'hommes et de femmes est en jeu. De même que pour la corruption, on est passé « de l'illégal toléré à l'illégal intolérable[2] ».

Le corps préfectoral refuse pourtant de s'adapter à cette nouvelle donne, ainsi que le prouvent ses réactions à la catastrophe du stade de Furiani. La demi-finale de la Coupe de France de football entre le Sporting Club de Bastia et l'Olympique de Marseille devait se jouer le 5 mai 1992. Ce jour-là, l'ambiance s'annonce explosive, les supporters survoltés. Plus de dix-huit mille spectateurs attendent le coup d'envoi et manifestent leur joie. Dès 18 h 30, le stade est comble. Dans les gradins, les piétinements de la foule s'amplifient et deviennent des vagues provoquant d'énormes vibrations. A 20 h 16, un quart d'heure avant le début du match, la partie haute de la tribune nord s'effondre sur toute sa longueur : trois mille cinq cents personnes sont précipitées dans le vide. Bilan : dix-sept morts et deux mille blessés, dont de nombreux resteront handicapés à vie.

La justice va établir que la tribune avait été bâtie à la hâte entre le 22 avril et le 5 mai 1992. Les experts sont formels : cette construction provisoire était fragile et son effondrement inévitable. Or, le 30 avril 1992, alors que les travaux n'étaient pas même achevés, la commission départementale de la protection civile avait donné un avis favorable sur les conditions de sécurité de la rencontre. Cette commission est présidée par le préfet qui, en l'occurrence, avait donné une délégation à son directeur de cabinet, Raymond Le Deun. Celui-ci a donc été renvoyé en correctionnelle aux côtés des autres protagonistes du drame. Le préfet de Haute-Corse, pour sa part, était cité à comparaître comme témoin.

L'analyse de leurs carences à l'audience a provoqué dans le corps préfectoral un sentiment d'humiliation sans précédent. Tous les préfets se sont identifiés à leur collègue de Haute-Corse, Henri Hurand, contraint de répondre aux questions des juges comme un vulgaire malfaiteur. Quand les magistrats font observer au préfet que sa première mission était d'assurer la sécurité des personnes et qu'il avait le pouvoir d'interdire le match, l'intéressé a cette réponse peu glorieuse : « L'Etat d'aujourd'hui n'est plus la puissance tutélaire de 1800 ou même de 1958. La puissance publique n'est pas là aujourd'hui pour empêcher les particuliers d'exercer leurs droits. » Pourtant, le préfet de Haute-Corse estime n'avoir commis aucune faute. L'intéressé dispose de son propre code de l'honneur, de son système de référence spécifique. Le seul jugement qui compte pour lui est celui de ses pairs. Un an à peine après la catastrophe de Furiani, il ne trouve pas déplacé de siéger au jury du grand oral de l'ENA, chargé d'évaluer le caractère des candidats. Et le ministre de la Fonction publique lui a accordé cet honneur.

Son directeur de cabinet est moins chanceux. Le préfet de Haute-Corse avait donné mission à son bras droit de consacrer l'essentiel de son temps à la rencontre OM-Bastia. Or, l'intéressé n'a assisté qu'à une seule des quatre réunions de la commission chargée de préparer l'événement. Aucun procès-verbal officiel n'a été dressé. Le haut fonctionnaire s'est fait représenter, sans délégation, aux trois autres réunions, dont celle du 4 mai, veille de la rencontre. Enfin, la commission de sécurité n'a pas vérifié, comme elle le devait, l'existence d'une autorisation d'aménagement des tribunes, d'un rapport attestant la stabilité de l'ouvrage et d'une décision du maire autorisant l'ouverture du stade. La cour d'appel de Bastia condamne donc Raymond Le Deun à vingt mois de prison avec sursis et 30 000 francs d'amende pour homicides et blessures involontaires[3].

Cette légèreté aux conséquences dramatiques, Joël Thoraval la trouve presque excusable. L'ancien président de l'Association des membres du corps préfectoral indique « s'interdire de commenter une décision de justice », mais ses propos y ressemblent beaucoup. « Je n'ai jamais dit que le nombre de commissions de sécurité prévu par les textes était excessif, précise-t-il aujourd'hui. Mais les hauts fonctionnaires ne peuvent pas être tenus pour responsables au plan pénal d'une insuffisance de moyens due aux gouvernements successifs et au Parlement. » Quand on est un haut responsable et qu'on a voulu l'être, est-il convenable de se défausser ainsi en invoquant un manque de moyens ? Nul n'est contraint de devenir préfet. Rechercher des fonctions importantes sans assumer les risques du métier, c'est le contraire du civisme. Elle semble bien oubliée, la réflexion de l'historien Marc Bloch, au sujet des carences du haut commandement français en 1940 : « Un chef est responsable de tout ce qui se fait sous ses ordres. Peu importe qu'il n'ait pas eu lui-même l'initiative de chaque décision, qu'il n'ait pas connu chaque action. Parce qu'il est le chef et a accepté de l'être, il lui appartient de prendre à son compte, dans le mal comme dans le bien, les résultats[4]. » Ce que les Français réclament en se tournant vers les juges n'est rien d'autre qu'une exigence de cohérence de la part de leurs élites.

Or, l'incompréhension du haut fonctionnaire face aux nouvelles exigences de l'opinion est totale. « Ce qui m'étonne, explique Joël Thoraval, c'est qu'on veuille pénaliser ce genre de situations. Indemniser le dommage subi, c'est normal. Mais la victime veut des têtes, elle exige une expiation. » S'y ajoute le choc né de la découverte du fonctionnement de la justice. « Lorsque j'étais président de l'Association du corps préfectoral, j'ai connu beaucoup de collègues qui ont souffert de voir leurs carrières bloquées injustement ou ralenties par des procédures très longues qui se sont pourtant conclues par un non-lieu ou une relaxe, argumente le haut fonctionnaire. Ils ont perdu une partie de leur autorité morale dans l'exercice de leurs fonctions. L'image de l'Etat lui-même a été atteinte en pure perte. Je souhaite que les magistrats soient bien conscients de leurs responsabilités quant à la crédibilité de l'Etat. » Il n'est jamais agréable de devoir se justifier devant la justice. En échappant au lot commun, les hauts fonctionnaires restaureront peut-être l'« autorité de l'Etat », mais pas la confiance de leurs concitoyens.

Certains collègues de Joël Thoraval ont toutefois un discours plus nuancé. « Le droit pénal permet la mise en cause de fonctionnaires d'autorité. Nous l'avions oublié, reconnaît ainsi avec franchise le préfet Paul Bernard. Cette évolution ne me gêne pas. On ne peut pas être haut fonctionnaire et refuser d'en assumer les conséquences au plan pénal. » Ce point de vue semble toutefois minoritaire dans la haute fonction publique. La position tranchée qu'exprime Joël Thoraval s'explique aussi, il est vrai, par un traumatisme personnel. Alors qu'il était préfet de la région Ile-de-France, Joël Thoraval a été cité à comparaître par des associations de consommateurs en tant que président du syndicat des transports parisiens. Les plaignants estimaient que la création d'un nouveau forfait avait donné lieu à publicité mensongère. Il n'a pas eu à se présenter à l'audience et a été lavé de tous soupçons, mais l'intéressé semble très marqué par cette expérience éprouvante. « C'est une atteinte à votre dignité, c'est grave, argumente-t-il. Aux yeux des gens, vous êtes présumé coupable. Après, l'image reste. J'ai eu droit à un article dans le journal. Pour savoir ce qui s'est passé, on accepte de clouer des gens au pilori. » On comprend cette amertume, mais, au bout de ce raisonnement, on ne voit que la suppression des juges qui puisse éliminer tout risque de mise en examen.

Pourtant, le haut fonctionnaire n'en démord pas : « Ces procédures diminuent la crédibilité de l'institution et contribuent à la désaffection pour la chose publique. Et Joël Thoraval de conclure, finalement optimiste : « Aujourd'hui, les préfets sont moins inquiets qu'il y a quelques années. » Ce n'est pas bon signe, mais c'est vrai. Désormais, les responsables négligents n'ont plus à s'inquiéter : avec le nouveau dispositif, la condamnation d'un des leurs devient quasiment impossible.

Grâce à cette évolution qui les satisfait tant, les hauts fonctionnaires retrouvent le statut d'intouchables qui a été le leur pendant deux siècles. A la Révolution, pour en finir avec les prétentions des Parlements d'Ancien Régime, une loi de 1790 avait en effet affirmé que « les juges ne peuvent, à peine de forfaiture, citer devant eux les administrateurs pour raison de leurs fonctions ». Neuf ans plus tard, Bonaparte a consacré l'impunité des agents du gouvernement dans la Constitution de l'an VIII. La plainte d'un citoyen contre un commis ne pouvait aboutir que si le Conseil d'Etat donnait l'autorisation à la justice de le poursuivre. Naturellement, le Conseil d'Etat, alors contrôlé par le pouvoir, ne donnait jamais son feu vert. Cette impunité scandalisait les libéraux du XIXe siècle comme Benjamin Constant et Tocqueville. Le système a paru si ingénieux que tous les pouvoirs qui se sont succédé jusqu'en 1870 l'ont conservé.

Après Sedan, la République une fois proclamée le 4 septembre 1870, le gouvernement provisoire de la Défense nationale a aussitôt abrogé ce dispositif protecteur par un décret-loi du 19 septembre 1870. En pleine guerre franco-allemande, un tel empressement suggère que cette immunité pénale était le symbole de l'insolence du pouvoir.

La tendance de la République sera de soumettre peu à peu les élites aux mêmes règles que tout le monde. Cette évolution commence par l'émancipation du Conseil d'Etat en 1872 puis l'apparition des tribunaux administratifs en 1953. Mais l'exigence de responsabilité devient telle que ces avancées sont progressivement perçues comme insuffisantes. Dès 1952, le professeur Liet-Veaux publie un article prophétique contre la « caste des intouchables[5] ». L'universitaire mettait en cause la légitimité d'un juge spécifique, le Conseil d'Etat, qui a vocation à protéger l'administration, et la notion de faute de service, qui anesthésie le sens de la responsabilité chez les agents publics. Puis, on met en cause le « privilège de juridiction » des hauts fonctionnaires et des élus. Cette réglementation prévoyait que, si un membre d'un grand corps de l'Etat, un préfet, un maire ou un magistrat, faisait l'objet d'une plainte, la Cour de cassation transférait le dossier à un autre tribunal, éloigné, pour garantir l'impartialité de la justice. Or, ce système a été utilisé, épisodiquement dans les années 60 et 70 et plus souvent à la fin des années 80, pour enterrer un certain nombre de scandales, notamment l'affaire Urba. Mais la France avait changé. L'arrivée de juges d'instruction plus audacieux, l'attention plus soutenue des médias, les exigences nouvelles de l'opinion ont discrédité ce dispositif et rendu le statu quo intenable : le privilège de juridiction a été supprimé par le Parlement en janvier 1993. Désormais, les « élites » pouvaient comparaître en correctionnelle dans les mêmes conditions que le Français moyen.

La loi Fauchon prend alors tout son sens. Elle traduit la volonté des élus et des hauts fonctionnaires de revenir, autant que possible, à la situation qui était la leur avant... 1870. Le 25 juin 1999, le Sénat annonce la couleur en adoptant à l'unanimité un amendement de Michel Charasse rétablissant l'autorisation préalable du Conseil d'Etat avant toute poursuite pénale contre un élu ou un agent public. Elisabeth Guigou, qui imagine déjà les titres de la presse le lendemain, s'y oppose : « Ces propositions seront perçues comme la volonté de soustraire élus et fonctionnaires à leur responsabilité pénale, avertit la ministre de la Justice. Votre souci de protéger les décideurs publics vous conduit à vouloir réintroduire des procédures dérogatoires qui ont été abrogées depuis longtemps. Je ne vois pas comment il serait possible de rétablir des immunités, des privilèges que toute notre histoire républicaine, depuis 1870, s'est employée à abolir. »

L'analyse ne convainc pas Michel Charasse, qui répond avec l'aplomb d'un prince du sang d'Ancien Régime : « Non, mes chers collègues, les élus, les fonctionnaires d'autorité ne sont pas dans la même situation que les citoyens ordinaires ! (Applaudissements sur les travées du RPR.) Il y a une différence fondamentale : c'est l'intérêt public, l'intérêt général, dont ils ont la charge (on crie « Très bien ! » sur les travées du RPR), il faut réserver un cas particulier. » Bien sûr, l'Assemblée, plus sensible au regard des médias, supprimera finalement cet amendement. Mais les sénateurs obtiendront une contrepartie. La législation protectrice adoptée en juillet 2000 est un succédané à la restauration impossible du privilège inventé par Bonaparte. Ce texte traduit donc un mouvement proprement réactionnaire.

Vues de l'étranger, ces contorsions font sourire. La France commençait à peine à rattraper son retard sur ses voisins européens, où l'égalité devant la justice est assurée depuis longtemps. En Grande-Bretagne, il n'y a jamais eu de protection particulière des élus et des hauts fonctionnaires. Les juges sanctionnent de la même façon la « négligence et légèreté » d'un maire ou d'un chef d'entreprise. En Allemagne, le contraste est encore plus criant. Les « décideurs publics » sont traités plus sévèrement par les tribunaux que le commun des mortels quand leurs fautes entraînent des morts ou des infirmités. Outre-Rhin, exercer une fonction publique est une circonstance aggravante, pas une circonstance atténuante. Les Allemands estiment que les dirigeants doivent donner l'exemple et assumer des risques proportionnels aux missions qu'ils ont choisi d'exercer.

Chez nos voisins, le sens des responsabilités est entretenu par l'enseignement dispensé aux élites. Le souci du droit y est au cœur de la formation des dirigeants. En Grande-Bretagne, en Allemagne, les facultés de droit remplissent le rôle dévolu en France à l'ENA. Chez les Allemands, la « capacité d'exercer l'emploi de juge » est le diplôme exigé pour exercer toutes les fonctions judiciaires, même si on choisit ensuite d'être avocat. En outre, c'est une très bonne carte de visite pour devenir haut fonctionnaire. En France, en revanche, nos dirigeants n'ont souvent aucune notion de droit pénal. A la sainte ampoule de la cathédrale de Reims ont succédé l'onction du suffrage universel et le concours de l'ENA.

Un mouvement corporatiste, qui organise des systèmes d'irresponsabilité, a donc fait mordre la poussière aux juges. Les énarques continueront à être justiciables d'un seul droit, celui de leur milieu, le droit administratif, créé sous l'Ancien Régime pour les protéger. A leur décharge, il devient difficile aux milieux politico-administratifs de comprendre en quoi leur volonté passionnée d'échapper au lot commun est choquante. Leur comportement ne traduit aucun mépris, mais simplement une grande insensibilité au jugement d'autrui. Dans la France contemporaire, l'indifférence aux réactions qu'on suscite à l'extérieur de son milieu grandit. Le lien qui avait uni jusqu'ici les différentes strates de la société se desserre. Il y a moins d'inconscient partagé entre les différentes couches sociales. Chacun se définit avant tout comme membre d'un groupe socioprofessionnel.

La « conscience d'une obligation vis-à-vis de la société[6] » disparaît. Les différentes communautés mènent une existence parallèle. Elus et hauts fonctionnaires ne cessent de se singulariser au sein d'une société qu'ils comprennent de plus en plus difficilement parce qu'ils ont moins qu'avant le sentiment de lui appartenir. C'est exactement la situation psychologique et sociale de la haute aristocratie à la fin de l'Ancien Régime : « Un groupe qui dirige la société tout en lui étant pour une bonne part étranger[7]. » Quand on se soustrait à la responsabilité, on ne peut plus comprendre ce qu'éprouvent ceux qui y sont soumis.

6

Des crimes de bureau sans auteurs

Rien de tel qu'un cocktail parisien pour voir les gens au naturel. Une flûte de champagne à la main, un haut fonctionnaire expliquait ce jour-là à deux journalistes qu'il allait sans doute être mis en examen dans l'affaire de la vache folle. Avant l'alternance de 2002, l'intéressé exerçait des fonctions éminentes au ministère de la Défense. Or, la justice se demande si le grand commis de l'Etat n'a pas donné son feu vert à la distribution de viande contaminée par le prion dans les cantines de l'armée. La perspective d'une mise en examen n'émeut guère celui-ci. « Dans cette affaire, le juge d'instruction n'a mis en examen que du beau monde : c'est un club très élitiste, je suis ravi d'y entrer », commente-t-il. Très décontracté, l'homme n'éprouve aucune gêne, aucun embarras à raconter les faits. La question de sa responsabilité ne l'effleure pas. Devant son public, il raconte la scène d'un ton badin : « Un général est venu me voir et m'a dit : “L'armée a un contrat moral avec ses hommes. L'institution s'engage à fournir une bonne nourriture aux soldats. Si nous ne donnons pas de la viande à nos hommes, le contrat moral est rompu. Il faut que vous signiiez ce parapheur !" » Et l'ancien hôte du ministère de la Défense de conclure : « J'ai signé ! »

Amour du calme, regard détourné de ce qui gêne, indifférence souriante : c'est la définition du mal d'après les théologiens[1]. Si cette décision a entraîné des morts, ce sera la seule responsabilité de ce collaborateur insistant. Or, la loi Fauchon donne la bénédiction du droit à l'irresponsabilité bureaucratique. Ne pas avoir connaissance d'un risque devient une protection. Il faut donc chercher à en savoir le moins possible. C'est la méthode Ponce Pilate. Cet homme sûr de lui et désinvolte a raison de ne pas s'inquiéter : toutes les enquêtes sur les scandales de santé publique vont finir au pilon. Il n'y aura pas de procès de l'affaire de la vache folle, de l'hormone de croissance ou des maladies liées aux essais nucléaires. Le marteau-pilon de la nouvelle législation a écrasé toute velléité de faire la lumière sur ces scandales. Les enquêtes interminables en cours ne servent qu'à donner le change à l'opinion le plus longtemps possible. Dans le microcosme judiciaire, c'est d'ailleurs le sentiment unanime, qu'on le déplore ou qu'on s'en félicite. Il serait plus honnête de dire clairement les choses plutôt que de continuer cette mascarade.

Le premier acte de cette série noire a été le refus d'un procès dans l'affaire du sang contaminé. Pourtant, c'était promis, c'était juré : l'opération « sauvez les maires » ne servirait pas à enterrer ce scandale gigantesque. Seuls des paranoïaques pouvaient penser le contraire.

Le président du principal syndicat de juges, Valéry Turcey, l'avait garanti : « Le risque de développer une maladie mortelle est évidemment le risque le plus grave qui existe. Le fait d'y exposer autrui en connaissance de cause tombe forcément sous le coup de la nouvelle loi. Il sera possible aux magistrats de tenir à peu près le même raisonnement qu'auparavant. »

Pierre Fauchon lui-même avait rassuré l'opinion pendant la polémique du printemps 2000. Avec son texte, « si une personne est consciente d'un risque – celui qu'il fait courir à des malades en leur administrant des substances dangereuses, par exemple –, il me semble qu'il n'y a pas d'exonération de sa responsabilité[2] ».

C'est pourtant son texte qui a donné le coup de grâce au scandale des années 80. La réforme a d'abord fragilisé les poursuites en provoquant une réouverture de cet immense dossier devant la chambre de l'instruction. Cette formation de la cour d'appel de Paris est chargée de contrôler le travail des juges d'instruction. Pour tout arranger, le magistrat qui la présidait à l'époque, Gilbert Azibert, est surnommé « Annulator » dans les milieux judiciaires, en raison de sa tendance à censurer les enquêtes des magistrats instructeurs. L'idéal pour jouer la montre, laisser la pression médiatique retomber, puis tirer argument d'une procédure trop longue pour demander un non-lieu. En matière de justice, le temps, c'est l'essentiel. Plus tard on est jugé, plus les chances de s'en sortir augmentent. Les avocats de la défense le savent parfaitement. Dans tous les dossiers lourds comme celui du sang contaminé, ils utilisent toutes les ressources de la chicane pour différer le moment du procès.

Quand l'affaire arrive enfin en audience publique à la Cour de cassation, le 5 juin 2003, l'avocat général,

Dominique Commaret, se fonde sur le texte voté pour protéger les maires de France et demande aux juges de refermer le dossier. « La loi du 10 juillet 2000 a profondément modifié le contenu de la faute pénale d'imprudence ou de négligence, explique le haut magistrat. Pour que des décideurs publics soient déclarés responsables d'homicides ou blessures involontaires, il faudrait démontrer que ceux-ci *ne pouvaient ignorer* les risques auxquels étaient exposées les victimes. » Or, ce n'est pas le cas pour l'avocat général. « Les prévenus avaient-ils été alertés précisément et personnellement de l'existence d'un risque sérieux et actuel ? L'urgence sanitaire avait-elle été dénoncée avec suffisamment de précision aux médecins spécialistes de l'hémophilie et aux responsables administratifs et politiques de la chaîne gouvernementale ? Dans l'affirmative, les uns ou les autres étaient-ils demeurés inactifs au point de caractériser l'abstention fautive ? » A toutes ces questions, Dominique Commaret répond non. Oubliant toute décence, l'avocat général qualifie enfin cette contamination de quatre mille personnes par le virus du sida d'« accident de la vie ». Et cela devant les victimes et leurs parents présents à l'audience !

Treize jours plus tard, le 18 juin 2003, avec une rapidité à laquelle la justice ne nous a pas habitués, la Cour de cassation rend sa décision : tout le monde a rêvé pendant douze ans, le dossier est vide, il n'y aura pas de procès. Le dépistage systématique du virus du sida dans les dons de sang freiné pendant des mois en 1985 ? Un coup de grisou administratif. Des stocks de sang contaminé distribués sciemment aux hémophiles ? Un hasard bien regrettable, il faut l'accepter, comme on se soumet au cours du soleil ou à la succession des saisons. Les ministres de tutelle alertés et inertes ? C'est vraiment pas de chance pour les victimes ! Un tel fiasco ne traduit pas la difficulté de savoir, mais la volonté d'ignorer.

A la lecture de la décision, un député, magistrat d'origine, a perçu la nocivité de la loi et envisagé d'interpeller le garde des Sceaux. Il s'est ensuite ravisé : les maires de sa circonscription n'auraient pas compris sa démarche. Pourtant, même les professeurs de droit sont gênés. « La brièveté de l'arrêt, avec seulement quelques lignes, voire quelques mots, pour rejeter chaque argument, peut surprendre au regard de l'enjeu, écrit Marie-France Steinlé-Feuerbach, maître de conférences en droit pénal à l'université de Strasbourg. On attendait davantage de précision pour une affaire aussi grave. Cette décision pourrait être interprétée comme une volonté de mettre fin au débat judiciaire sur le sang contaminé[3]. » Interdire un examen approfondi de l'ensemble du dossier à l'audience, c'est ce qu'a fait la Cour de cassation : sur son site Internet, on trouve son arrêt refermant l'affaire... mais pas le résumé de l'enquête du juge d'instruction. Curieuse conception de la transparence.

Dans des circonstances aussi graves, on est frappé par le silence des autorités religieuses, qui ont pourtant pris l'habitude d'intervenir sur les sujets les plus variés. Le souci de saint Paul – « qui ne souffre sans que je souffre ? » – semble appliqué de façon bien sélective. Personne ne demande un miracle, mais un peu d'attention serait apprécié. Pour les victimes, en effet, le déni de justice est total. Une des premières personnes à avoir porté plainte en 1988, Jean Peron-Garvanoff, a eu aussitôt ce cri du cœur : « L'affaire du sang contaminé n'est pas une catastrophe naturelle. » « J'ai accordé assez souvent le bénéfice du doute pour dire aujourd'hui mon écœurement », explique pour sa part le président de l'Association française des hémophiles, Edmond-Luc Henry, qui s'est distingué par sa modération tout au long de cette interminable affaire. Les victimes ne doivent jamais tomber dans l'oubli où la Cour de cassation les renvoie[4]. »

En bonne logique, en effet, cinq mois plus tard, Claude Evin, ancien ministre de la Santé de 1988 à 1991, mis en examen pour « homicide involontaire » en 1999 après les plaintes de deux familles de victimes, obtient un non-lieu. Il avait pourtant été informé du scandale par ses collaborateurs dès 1989, et ne l'avait pas rendu public. Le 13 décembre 1989, le directeur général de la santé de l'époque, le professeur Jean-François Girard, avait adressé à Claude Evin une note dont l'avant-dernier paragraphe était intitulé « Avant d'agir, prévoir les conséquences ». On lit : « Le risque majeur est une médiatisation à rebours en faveur des revendications des transfusés et une coordination de leurs demandes, un des effets pervers étant que les transfusés puissent [...] devenir un groupe de pression. » Selon le professeur Girard, une « action de communication » risque de « pousser éventuellement les transfusés contaminés à saisir les tribunaux ». Une campagne médiatique, écrit-il auparavant, « risque d'aggraver le discrédit actuellement porté sur la transfusion, d'inquiéter inutilement les anciens transfusés ».

Il ne faut pas se lasser de le rappeler : les personnes contaminées par transfusion avant le 1er août 1985

– date de mise en place du dépistage systématique du sida lors des dons du sang – n'ont été ni alertées ni recherchées. Jusqu'à ce qu'une journaliste, Anne-Marie Casteret, révèle l'affaire en 1991 dans *L'Evénement du jeudi*. L'Etat a abandonné les victimes, les a privées de soins et a amené certaines d'entre elles à contaminer leurs proches. C'est, à tout le moins, de la non-assistance à personne en danger. Après sa mise en examen, Claude Evin a assuré qu'« un rappel des personnes transfusées aurait provoqué une confusion ingérable par les centres de dépistage ». Pourtant, son successeur, Bernard Kouchner, a finalement décidé de rappeler tous les transfusés en décembre 1992, sans plonger la France dans le chaos.

Pour les hauts magistrats désireux de se débarrasser de cette affaire qui a toujours gêné, la loi Fauchon a été une alliée inespérée. Et l'enterrement du sang contaminé est passé comme une lettre à la poste. C'était si vieux, tout ça, on en parlait depuis tellement longtemps, que la résignation l'a emporté dans les chaumières. Ce scénario bien rodé est appelé à resservir. Quand on commence à déguiser les scandales en « accidents de la vie » sans rencontrer de résistances, on n'a aucune raison de ne pas continuer. Toutes les affaires de santé publique vont être assimilées par la justice à une catastrophe naturelle, un ouragan ou un tremblement de terre : un coup du sort dont personne n'est responsable.

Le procès qui n'aura pas lieu, c'est d'abord celui de la vache folle. Dans le pavillon qu'habitait Arnaud Eboli en Seine-et-Marne, il ne reste du jeune homme que les photos d'un adolescent plein de vie, disposées sur le bahut en pin. Mais, rangés dans du papier Canson, sa mère, Dominique, conserve d'autres clichés de son fils – ceux d'un être décharné, au regard vide, atteint de la maladie de Creutzfeldt-Jakob et mort le 25 avril 2001. Il n'avait pas 20 ans. « C'était un enfant paisible, très câlin, en parfaite santé, se souvient Dominique Eboli. Il s'est mis à avoir des accès de violence. On s'est inquiétés, mais les docteurs ont conclu à une "crise d'adolescence" un peu sévère. La situation s'est aggravée. Arnaud était parfois saisi par des rires hystériques, des tressaillements inexpliqués. Nous sommes allés à la Salpêtrière consulter un psychiatre qui a diagnostiqué une démence précoce irréversible, poursuit la mère de la victime. Le 24 décembre 1999, deux médecins nous ont convoqués pour nous dire que notre fils était atteint de la maladie de Creutzfeldt-Jakob et qu'il lui restait en gros dix-huit mois à vivre. Puis plus rien. C'est notre médecin traitant qui a pris le relais. Nous avons été seuls avec notre angoisse, notre douleur et les contraintes terribles de cette maladie. Lorsque mon fils est décédé, il pesait trente et un kilos, ne parlait plus depuis des mois, ses membres étaient figés dans une position fœtale. »

La maladie de Creutzfeldt-Jakob est une maladie neurologique qui attaque le système nerveux. Lorsque les signes cliniques se déclarent, l'issue, toujours mortelle, survient le plus souvent en moins de six mois. La pathologie débute par des troubles mentaux mineurs, qui s'associent ensuite à des troubles de l'élocution et de la marche, et évolue enfin vers une démence.

Nul ne sait combien de personnes seront touchées par la vache folle dans les prochaines années, car la période d'incubation est très variable et les signes cliniques inexistants avant que la maladie se déclare. Les scientifiques craignent par ailleurs que le nouveau variant de Creutzfeldt-Jakob soit transmissible par le sang, ce qui rappellerait, sous cet aspect, l'affaire du sang contaminé. Une commission d'enquête du Sénat, qui s'est penchée sur l'affaire en 2001 et n'est pas suspecte d'avoir voulu noircir le tableau, estimait que cinq millions de victimes pourraient être frappées par la maladie dans le monde d'ici vingt ans. D'autres prévisions, plus récentes, ont revu ces chiffres à la baisse. Quoi qu'il en soit, la justice doit faire la lumière sur ce qui s'est passé. Il faut mettre au jour l'enchaînement des connivences qui a conduit à ce désastre.

Car l'affaire de la vache folle met en évidence tous les maux de la machine politico-administrative. Lorsque le risque d'une transmission de la maladie de Creutzfeldt-Jakob à l'homme est apparu, l'Etat a été le dernier à l'admettre. Lorsqu'il a bien fallu prendre acte du problème, la puissance publique a voilé le plus longtemps possible sa gravité. Les gouvernements successifs, de toutes tendances politiques, ont reculé au maximum le moment d'agir. Les pouvoirs publics n'ont pas protégé leurs concitoyens contre le risque de contamination. Leur attentisme s'explique par le refus d'affronter le lobby agricole et d'engager une épreuve de force avec la Grande-Bretagne.

Dès 1990, en effet, l'Angleterre a prohibé l'utilisation de farines animales tout en continuant à les exporter vers le continent, et notamment en France. Or, à cette époque, dans l'Hexagone, les pouvoirs publics craignaient déjà une transmission de la maladie de la vache folle à l'homme. Dans le cadre des investigations en cours, les enquêteurs ont saisi une note rédigée en 1993 par un membre du cabinet du Premier ministre Edouard Balladur. Cette note évoque comme allant de soi la transmission de la maladie de Creutzfeldt-Jakob à l'homme par voie alimentaire, alors que l'Etat le nie encore officiellement. Deux ans plus tard, en 1995, le patron de la direction générale de la concurrence, de la consommation et de la répression des fraudes lui-même, Christian Babusiaux, s'émeut de l'hostilité du ministère de l'Agriculture à l'égard des mesures envisagées pour garantir la sécurité des consommateurs. Le 24 mai 1995, il adresse au ministre de l'Economie et des Finances Alain Madelin une note au titre évocateur : « Mesures pour lutter contre la transmission à l'homme de l'ESB. Réticences du ministère de l'Agriculture. »

En 1996, quand le gouvernement britannique reconnaît publiquement que la maladie de la vache folle pourrait se transmettre à l'homme, un certain nombre de responsables français savent qu'ils devront répondre un jour de leur inaction devant la justice. Consultée sur ce point, la direction des affaires juridiques du Quai d'Orsay l'a expliqué très clairement. Dans une note en date du 4 mai 1996, les juristes de ce ministère invitent même le gouvernement à « tenir compte du précédent de l'affaire du sang contaminé ». « La protection de la santé publique doit l'emporter sur les considérations économiques ou commerciales et sur le souci de préserver de bonnes relations avec le gouvernement britannique [5] », ajoutent les hauts fonctionnaires.

Aucune décision d'ensemble ne sera pourtant prise pendant quatre ans. En août 2000 encore, constate la commission d'enquête du Sénat, « on exagérait les conséquences de l'interdiction des farines animales, contribuant ainsi à retarder une décision inéluctable ». A cette date, quand le cabinet du Premier ministre envisage d'interdire l'utilisation des farines animales, le ministère de l'Agriculture cherche une nouvelle fois à gagner du temps, évoquant « la recherche d'un produit de remplacement, l'importance des stocks à gérer et à contrôler, l'effet économique induit ». Il faudra attendre une pression médiatique exceptionnelle pour que le gouvernement français interdise l'utilisation des farines animales à l'automne 2000 sur avis de l'Agence française de sécurité sanitaire.

Dans ces conditions, faut-il s'étonner que les familles des victimes aient porté plainte pour « mise en danger délibérée d'autrui » ? A cause de cette loi inique, hélas, la recherche des responsables de ce désastre devient tout aussi impossible que dans l'affaire du sang contaminé. Jamais les juges ne pourront franchir le parcours d'obstacles organisé par le nouveau texte. Déjà, les médias sont passés à autre chose et on ne parle plus guère de la vache folle.

Dans les ministères, tous ne se réjouissent pas des fiascos judiciaires en préparation. Les hauts fonctionnaires courageux perdent un argument précieux qui leur permettait parfois d'arracher une décision à des politiques pusillanimes. « Alerter le ministre sur les risques encourus en cas d'action ou d'inaction, cela fait partie de notre travail, explique un magistrat qui a bourlingué d'administrations centrales en cabinets ministériels. Avant, je pouvais agiter l'hypothèse d'un procès pour "faire pression" sur mes supérieurs. Maintenant, mon devoir est d'expliquer que la probabilité d'un renvoi en correctionnelle est proche de zéro. »

Sans la peur du juge, la routine est un danger permanent et de nouvelles catastrophes se préparent dans l'indifférence générale.

Les victimes de l'hormone de croissance en savent quelque chose. En 1984 et 1985, un peu plus de mille enfants souffrant de nanisme ont été soignés avec ce remède miracle. Or, les hypophyses qui servaient à produire le traitement étaient prélevées sur les cadavres de personnes âgées et atteintes de maladies neurodégénératives qu'on allait chercher jusqu'en Bulgarie. Résultat : les jeunes patients ont contracté un agent infectieux mal connu à l'époque, le prion, rendu célèbre depuis par la maladie de Creutzfeldt-Jakob : quatre-vingts d'entre eux sont déjà morts, mille autres sont devenus de jeunes adultes, qui n'ont pas développé la maladie à ce jour, mais doivent vivre avec cette terrible menace. Le travail du juge d'instruction a permis de reconstituer de nombreux pans du scandale : collectes réalisées avec une légèreté stupéfiante, ventes illégales de lots contaminés, soupçons de profits illicites, absence d'information des patients, inertie de l'autorité de tutelle, la direction générale de la santé.

De nombreux médecins, chargés d'assurer la collecte des hypophyses, ont été mis en examen. Mais les victimes sont à bout : l'enquête dure depuis... 1991. Pour la première fois, en 2002, une des familles a jeté l'éponge. Se résignant à ne jamais connaître la vérité, elle a saisi le juge civil et s'est contentée des dommages et intérêts. D'autres envisagent de l'imiter. Pour tous, la décision de la Cour de cassation sur l'affaire du sang contaminé a été un choc terrible. « On ne se fait guère d'illusions, soupire Geneviève Noguès, présidente de l'association Maladie de Creutzfeldt-Jakob-Aide aux parents d'enfants victimes. Notre affaire connaîtra le même sort. Nous n'aurons pas de procès pénal. Il y a une volonté délibérée d'enterrer les affaires médicales qui ont endeuillé le pays. Plusieurs de nos familles vont se contenter des dommages et intérêts. »

Il n'y a pas que les victimes à être découragées. Quel juge d'instruction acceptera demain de prendre en charge des dossiers aussi exigeants et ingrats ? Chez les magistrats, les affaires de santé publique n'intéressent pas grand monde. Le même juge, Marie-Odile Bertella-Geffroy, les traite presque tous. La relève n'a pas l'air au rendez-vous. Qui voudrait, demain, l'imiter et passer ses soirées à décortiquer des volumes entiers d'expertises médicales faute de disposer d'enquêteurs spécialisés ? Qui acceptera, à la sortie d'une perquisition dans un ministère, de porter les sacs de scellés à bout de bras avec l'aide de sa seule greffière ? Qui prendra le risque d'être accusé par les hauts magistrats, confortablement installés sous les lambris, de « faire de chaque instruction une affaire personnelle », comme si on pouvait mener à bien des dossiers aussi lourds avec un autre état d'esprit ? Aujourd'hui, un jeune magistrat ambitieux sait qu'il doit éviter les enquêtes de santé publique comme la peste.

Cette situation est dramatique, car nos concitoyens, eux, ont bel et bien besoin d'une justice moderne, apte à traiter des affaires techniques et complexes. Particulièrement significatif est l'exemple des victimes d'essais nucléaires. Plus de deux mille personnes – militaires, ingénieurs, techniciens du Commissariat à l'énergie atomique (CEA) – ont, selon toute vraisemblance, été atteintes par une contamination radioactive lors d'essais nucléaires réalisés par la France dans le Sahara puis le Pacifique. Les vétérans souffrent de cancers de la bouche, des poumons et de la peau. « L'Etat a toujours nié en bloc les maladies et les décès provoqués par ces essais, explique le professeur Jean-Louis Valatx, directeur de recherches à l'Inserm, et président de l'Association des vétérans des essais nucléaires français. On réclame depuis des années au ministère de la Défense un recensement complet des personnels pour pouvoir faire une enquête épidémiologique. » En vain. Dans les services de l'armée, quelqu'un a sûrement fait une note au ministre pour rejeter cette demande à l'aide d'arguments rappelant ceux utilisés en 1989 par le directeur général de la santé pour suggérer de cacher la vérité aux transfusés : il faut éviter une panique inutile, préserver la confiance du pays et l'autorité de l'Etat. Pour forcer la main à la grande muette, les victimes n'avaient donc qu'une seule ressource : porter plainte, ce qu'elles ont fait. « Nous demandons à la justice de rechercher les responsabilités à tous les niveaux », explique Jean-Louis Valatx. Or, si la demande est légitime, la lutte est vaine. Toujours à cause de la loi Fauchon, aucun juge d'instruction ne pourra jamais établir la vérité sur ces faits. La tâche, auparavant matériellement très difficile en raison du « secret défense », est désormais juridiquement impossible. Ce texte est le bouclier des pouvoirs en place.

Certains hauts fonctionnaires ne se résignent pas à ce que l'administration reste un pouvoir anonyme et insaisissable. Michel Massenet est de ceux-là. Condisciple de Giscard à l'ENA, il entre au Conseil d'Etat et participe aux premiers pas de la construction européenne au cabinet du ministre des Affaires étrangères Robert Schuman en 1955. Trois ans plus tard, il collabore à la rédaction de la Constitution de la Ve République avec d'autres juristes réunis par Michel Debré. En 1962, le haut fonctionnaire tente en vain d'imposer le rapatriement de tous les harkis, se heurtant à l'hostilité du ministre chargé des Affaires algériennes, Louis Joxe. Directeur général de la fonction publique sous Giscard, il multiplie les ouvrages de théologie et les chroniques dans les journaux. En 1991, l'affaire du sang contaminé le bouleverse et l'amène à consacrer deux livres au fonctionnement de l'administration aujourd'hui [6]. « Pour dormir en paix après avoir participé à un crime collectif, explique-t-il, plusieurs conditions sont requises : ne pas percevoir le lien entre son action et ses conséquences, dissocier l'acte de son auteur, ne pas connaître les victimes et n'avoir aucun intérêt personnel à leur souffrance. » Transformer des crimes en malheureux « accidents de la vie », voilà la tendance de toutes les bureaucraties. C'est ainsi qu'on met sa conscience en repos.

7

Des maladies d'avenir

Elisabeth Guigou l'avait juré sur les mânes de Jaurès : la nouvelle législation ne changerait rien pour les victimes d'accidents du travail ou de maladies professionnelles. A première vue, on pourrait croire que la promesse a été tenue. Le droit social regorge de dispositions méticuleuses qui devraient permettre aux juges de sanctionner comme avant les chefs d'entreprise fautifs. Pourtant, même dans ce secteur très sensible, le recul de la responsabilité est net.

Dans une commune du Pas-de-Calais, un gérant d'une entreprise de BTP a fait travailler un maçon sur un échafaudage de dix mètres de hauteur sans munir de garde-corps un des côtés de la nacelle. Le mur que l'ouvrier était en train de construire s'est écroulé. Déstabilisé, le maçon est tombé dans le vide et a fait une chute de dix mètres. Miraculeusement, la victime s'en est sortie après un mois d'hôpital. Avant la loi d'auto-amnistie des élus, le chef d'entreprise aurait été condamné à une forte amende pour blessures involontaires. Mais en application du nouveau texte, il a été blanchi. La cour d'appel de Douai a estimé que

« le prévenu ne savait pas que la décision avait été prise, en son absence, de ne pas protéger la nacelle [1] ». Si, pour un maire, ignorer un danger devient une excuse, pourquoi ne ferait-on pas bénéficier les chefs d'entreprise du même raisonnement ? se sont dit les juges. De la même façon, un employeur dont un des salariés est mort étouffé sous une machine destinée à la salaison a été relaxé [2]. Le malheureux avait actionné involontairement la manette de commande de l'engin, que ne protégeait aucun dispositif particulier. La machine était en outre installée près d'un mur, ce qui a favorisé l'accident en limitant la liberté de mouvement de l'ouvrier. Dans le passé, le patron aurait été condamné pour homicide involontaire. En application de la nouvelle loi, il a été innocenté. Les tribunaux ont montré la même clémence envers le directeur d'une entreprise de triperie, poursuivi après l'explosion d'une chaudière à vapeur qui avait causé la mort de trois de ses salariés. L'intéressé a certes commis « de multiples négligences et manquements à l'entretien normal de cet équipement », mais, depuis la réforme, ces fautes ne suffisent plus pour être condamné [3].

Entre 2000, date du changement de législation, et 2002, derniers chiffres disponibles, les condamnations pour homicide involontaire en matière d'accidents du travail ont diminué d'un tiers, chutant de 167 à 117 [4]. On ne peut garantir que c'est une conséquence de la loi « sauvez les maires ». Cependant, comme les chiffres étaient stables auparavant, la coïncidence est troublante. S'y ajoute l'effet dissuasif en amont, que le ministère de la Justice est incapable d'évaluer, mais qui existe dans tous les tribunaux : moins de mises en examen, plus de non-lieux. « On s'autocensure à regret », témoigne un juge d'instruction.

Ce n'est pas tout. L'opération menée de main de maître par l'Association des maires de France a provoqué d'autres dommages collatéraux plus dramatiques encore : la fin des poursuites pénales dans l'une des affaires de santé publique les plus dévastatrices. En France, l'inhalation de poussières d'amiante, qui provoquent des maladies pulmonaires graves et des cancers, cause trois mille décès par an. Comme ce matériau peu coûteux a été utilisé de façon massive à partir des années 50 et que la période d'incubation s'espace entre dix et quarante ans, la catastrophe sanitaire n'en est qu'à ses débuts. Plusieurs dizaines de milliers de personnes vont, dans les vingt ans à venir, mourir dans notre pays d'une pathologie liée à l'amiante. Or, de graves soupçons existaient dès le début du siècle sur la nocivité de cette roche. La Grande-Bretagne a adopté une réglementation précise pour protéger la santé des travailleurs contre ce fléau dès 1931 et les Etats-Unis dès 1946. Il a fallu attendre 1977 pour que la France en fasse autant, alors qu'on savait avec certitude, depuis 1960 au moins, que l'amiante était cancérigène. Pour un Etat qui se croit si supérieur à ses homologues anglo-saxons, quel échec ! De plus, seule la pression des médias, relayant les craintes des associations de victimes, a conduit les pouvoirs publics à intervenir.

Aussi incroyable que cela paraisse avec le recul, les industriels de l'amiante, qui commercialisaient un produit dangereux en toute connaissance de cause, sont parvenus au fil du temps à vider de leur contenu les mesures de prévention. A l'époque, l'administration avait envisagé de limiter la concentration de poussières d'amiante dans l'air sur le lieu de travail à 0,2 fibre par millilitre. Devant le tollé des producteurs d'amiante, qui menaçaient de mettre la clé sous la porte, l'Etat a reculé. La norme de sécurité finalement retenue a été de 2 fibres par millilitre d'air, soit dix fois plus. Un seuil insuffisant pour prévenir les cancers.

Pendant encore quinze ans, la chambre syndicale de l'amiante est parvenue à convaincre la direction générale de la santé de maintenir pour l'essentiel le statu quo. Ce n'est finalement qu'en 1996 qu'une nouvelle campagne médiatique contraint le gouvernement à interdire l'utilisation de ce matériau. En 1997, le ministre de la Santé, Bernard Kouchner, confie une mission sur ce dossier au professeur Claude Got. Le recensement des bâtiments isolés à l'amiante est ordonné, alors que nombre de pays voisins l'ont fait voilà plus de trente ans. Entre-temps, des centaines de milliers de personnes ont été exposées aux cancers liés à l'amiante comme le mésothéliome. Lorsque les victimes ont pris conscience d'avoir été trompées, des milliers de plaintes pour « homicide involontaire » et « mise en danger d'autrui » ont été déposées dans tous les tribunaux du pays. Au sommet de l'Etat, on commençait à s'inquiéter.

En 1997, quatre ouvriers de Dunkerque, qui avaient travaillé pendant des décennies au contact de fibres d'amiante sur les chantiers navals, ont ainsi porté plainte. Depuis, deux sont décédés d'un cancer du mésothéliome et les deux survivants sont atteints de plaques pleurales qui constituent un lourd handicap dans la vie quotidienne. Après avoir attendu six ans un procès, leurs proches sont las. Aussi, ce 29 octobre 2003, sept cents personnes manifestent à Dunkerque contre l'inertie de la justice. En tête du cortège, des veuves et des filles de victimes de l'amiante portent une gerbe où l'on lit : « L'amiante tue, mutilant nos poumons, nos vies, nos familles. Les empoisonneurs doivent être jugés ! » Les banderoles proclament : « Six ans, ça suffit, nous n'attendrons pas plus longtemps. » L'Association nationale des victimes de l'amiante est venue en force. Aux côtés du maire-adjoint de la ville, Bernard Dormael, Marie-Claude Beaudeau, sénateur communiste du Val-d'Oise qui s'était opposée à la loi Fauchon lors des débats au Parlement, a fait le déplacement. La manifestation part de l'université et aboutit devant le palais de justice. On nomme chaque victime de l'amiante dans la région. A chaque nom, la foule reprend : « Mort empoisonné, les assassins doivent être jugés ! » Ce cri résonne durant de longues minutes devant le tribunal.

Quelques semaines plus tard, pourtant, le juge d'instruction reçoit les victimes pour les informer qu'il a refermé le dossier en raison de la nouvelle législation. Dans son ordonnance de non-lieu, le 16 décembre 2003, le magistrat tient le même raisonnement que la Cour de cassation face à l'affaire du sang contaminé : des erreurs ont été commises, peut-être même des fautes, mais il n'y a pas de charges suffisantes pour renvoyer quiconque en correctionnelle. « Le législateur a décidé de restreindre le champ d'application de la responsabilité indirecte en cas d'homicide involontaire », constate le juge d'instruction. C'est pourquoi, « malgré la douleur et la volonté légitime des victimes de l'amiante et de leurs proches de trouver des responsables, l'enquête n'a pas permis de rapporter la preuve d'une atteinte involontaire à l'intégrité physique d'une personne, telle que la nouvelle loi la définit ». Et dire qu'en 2000, au Parlement, Elisabeth Guigou s'était engagée à ce que le texte de Pierre Fauchon n'ait pas d'incidence sur le scandale de l'amiante ! Inconscience ou mensonge délibéré ?

Les victimes ont contesté la décision du juge d'instruction de Dunkerque, mais la cour d'appel de Douai l'a confirmée le 15 juin 2004. C'est donc le début d'une longue série de plaintes enterrées. Déjà, un autre non-lieu a été prononcé à Saint-Nazaire. « On vient de faire mourir une deuxième fois nos proches, s'indigne Pierre Pluta, responsable régional de l'Association de défense des victimes de l'amiante. A l'époque, nous avions dénoncé les dangers du texte que les sénateurs voulaient à cor et à cri faire adopter, rappelle-t-il. Cette loi était censée protéger les maires contre les procédures à l'américaine. En réalité, elle permet de blanchir les responsables de catastrophes sanitaires. Nous l'avions prédit et on ne nous a pas crus ! » Le président de l'association nationale, François Desriaux, est amer. « Des textes comme la loi Fauchon tuent la démocratie, explique-t-il. Plus personne n'est responsable de rien. Dans le désintérêt des gens pour la politique, ça pèse beaucoup. »

Si les plaintes déposées par les victimes n'aboutissent pas, c'est aussi que les sociétés impliquées ne sont pas seules responsables. La Caisse nationale d'assurance maladie (CNAM), qui a aussi pour mission de prévenir les maladies professionnelles, ne s'est guère intéressée au sujet pendant des décennies. Quant à l'Etat, qui s'est chargé de la santé au travail depuis la fin du XIXe siècle, ses fautes sont à peine croyables. L'inspection du travail a failli. L'Institut national de recherche et de sécurité, placé sous la tutelle du ministre du Travail, est allé même plus loin. Au début des années 80, cet institut a accepté de siéger au sein du comité permanent amiante, financé par les industriels du secteur, et qui ne risquait donc pas de tirer la sonnette d'alarme. Un mélange des genres dénoncé par le Conseil d'Etat le 20 février 2004 : « Ce comité, présenté comme une instance d'experts, était censé être le mieux à même de conseiller les pouvoirs publics, compte tenu de la notoriété des scientifiques qui y siégeaient. Les autres structures se sont senties déchargées de leur rôle de veille. On est arrivé à cette situation paradoxale : alors que se développait en France une épidémie majeure, personne n'était au courant de son existence ou de son ampleur, poursuit le Conseil d'Etat. Personne ne se préoccupait vraiment de la mission de protection des salariés les plus exposés. »

Comme dans le scandale du sang contaminé, la justice a reculé devant l'ampleur des mises en cause qui s'annonçaient. « On sait à peu près ce qui s'est passé dans les entreprises fautives, explique un des avocats de l'association, Me Ledoux. Ce qui reste à explorer, ce sont les carences de la puissance publique. L'autocritique n'est pas le point fort de notre administration. Seule la justice peut la contraindre à tirer les leçons de ses erreurs pour éviter leur répétition, poursuit le juriste. Je reviens du tribunal de Mont-de-Marsan, où j'ai plaidé pour dix veuves qui ont perdu leur mari à cause de l'amiante. Je ne voudrais pas revivre demain le même scénario catastrophe avec d'autres produits à risque comme les pesticides, sous prétexte qu'une loi adoptée voilà quelques années permet aux décideurs publics de ne pas reconnaître leurs fautes. Les victimes ne réclament pas des peines de prison, elles veulent savoir ce qui s'est passé. Est-ce trop demander, dans la France du XXIe siècle ? »

Montrant une rare énergie, Pierre Pluta refuse de baisser les bras. Il sollicite plusieurs parlementaires du Nord-Pas-de-Calais. L'un d'entre eux montre une oreille attentive à ses doléances. Valérie Létard, jeune sénateur centriste de Valenciennes et assistante sociale de formation, a déjà rencontré plusieurs victimes de l'amiante. Frappée par la similitude de leurs déboires judiciaires, l'élue se souvient de cette fameuse loi « sauvez les maires » qu'elle-même avait votée sans état d'âme quatre ans plus tôt. Avec le recul, la parlementaire s'interroge : et si la volonté de protéger les élus locaux avait ébranlé tout le code pénal ? Valérie Létard n'est pas juriste et assure « n'avoir jamais voulu un résultat pareil ». Nul n'en doute, mais certains généraux, contemplant le champ de bataille après le carnage qu'ils ont ordonné, s'exclament eux aussi : « Je n'ai pas voulu cela. » Le sénateur de Valenciennes, qui a l'impression d'avoir été trompée, va entreprendre peu après une démarche insolite. Au Sénat, Valérie Létard aborde Pierre Fauchon et lui demande de recevoir Pierre Pluta. Contre toute attente, son collègue accepte.

Face à face, les victimes d'un déni de justice et l'instigateur de la loi qui les a rejetées dans l'oubli. L'entrevue se déroule dans un bureau du Sénat, le 27 novembre 2003. Une scène romanesque : Pierre Pluta est accompagné du président national de son association, François Desrieux, et du responsable du comité anti-amiante de Jussieu, Michel Parigot. Valérie Létard, elle aussi présente, tient le rôle du casque bleu chargé de s'interposer entre des belligérants prêts à en venir aux mains. Le sénateur affirme qu'il est impossible que la justice s'appuie sur la loi qui porte son nom pour enterrer le scandale de l'amiante. Les victimes lui tendent la décision du juge d'instruction. « Il faut attendre ce que dit la cour d'appel », rétorque le parlementaire. Assez vite, l'entretien s'enlise, chacun campe sur ses positions. On se sépare sur un constat d'échec.

Valérie Létard ne s'arrête pas là. Elle sait que la catastrophe ne se cantonne pas aux travailleurs de l'industrie de l'amiante. Des garagistes, des électriciens, des plombiers meurent aussi d'avoir inhalé des poussières nocives sur leur lieu de travail. Des enseignants en sont morts à l'université de Jussieu, à Paris, et une institutrice dans une école du 20e arrondissement de la capitale. Le 3 février 2004, dans l'hémicycle du Sénat, elle interpelle donc Nicole Guedj, secrétaire d'Etat chargée des victimes auprès du ministre de la Justice : « J'ai souhaité attirer l'attention du gouvernement sur l'émotion légitime qu'a suscitée auprès des victimes de l'amiante et de leurs familles le non-lieu rendu par le tribunal de Dunkerque, explique-t-elle. Le juge d'instruction a pris sa décision sur la base de la loi du 10 juillet 2000. Je voudrais me faire le porte-parole de l'indignation qu'a soulevée cette interprétation de la loi auprès des personnes concernées. » Mais le sénateur de Valenciennes est embarrassée. Comment poursuivre son raisonnement et fustiger le texte voté dans l'euphorie par le Sénat sans blâmer la légèreté ou l'égoïsme des parlementaires ? Aussi, l'élue reprend à son compte l'argument spécieux de Pierre Fauchon. « L'intention du législateur, lors de l'adoption de ce texte que mon éminent collègue Pierre Fauchon a eu la courtoisie d'expliciter pour la non-spécialiste du droit pénal que je suis, poursuit-elle, n'était certainement pas de permettre une exonération de responsabilités sur des questions de santé publique aussi graves que celle de l'amiante. » En somme, c'est la faute aux juges ! Ils devraient appliquer un code pénal à géométrie variable, blanchir les maires et sanctionner les chefs d'entreprise. Le principe d'égalité, dites-vous ? De quoi s'agit-il ? « Cette décision étant la première dans la série des poursuites qui ont été engagées, vous comprendrez, madame la secrétaire d'Etat, que les personnes concernées lui donnent un sens tout particulier après l'avoir attendue si longtemps », souligne Valérie Létard.

Le représentant du gouvernement prend alors la parole. Après une figure imposée sur la « douleur des familles » et un long rappel de la législation en vigueur, Nicole Guedj refuse d'affronter le problème. Dans sa conclusion, la secrétaire d'Etat ne laisse aucun espoir à l'auteur de la question : « Il me semble que l'équilibre trouvé avec la loi Fauchon entre le risque de condamnation pénale inadéquate et celui de déresponsabilisation des acteurs sociaux est le bon. Il ne me paraît pas souhaitable de revenir dessus. »

Déçue, Valérie Létard fait savoir sa réprobation devant cette dérobade. Elle invite à « une nouvelle réflexion sur la notion d'homicide et de blessures involontaires dans le cadre des problèmes sanitaires tels que celui de l'amiante ». Et l'élue de Valenciennes enfonce le clou : « Il ne faudrait pas qu'à l'avenir, le non-lieu rendu par le juge d'instruction de Dunkerque soit interprété dans le sens d'une diminution de la responsabilité des uns et des autres. Il s'agit d'une décision de justice et j'ai bien compris qu'elle ne saurait être mise en cause. Cependant, lorsque l'on rencontre les victimes, on ne peut qu'être sensible à leur désarroi. Nous devrions un jour être capables de faire la synthèse entre ces deux aspects. » Montrant un sens du devoir qui contraste avec l'indifférence de beaucoup de ses collègues, le sénateur du Nord continue à suivre le dossier. « Ce n'est pas à nous de préjuger de l'issue de la confrontation entre les victimes de l'amiante et les responsables, explique-t-elle, mais la moindre des choses, c'est que cette confrontation ait lieu. Les victimes ont droit à un procès. »

Valérie Létard n'est pas le seul parlementaire à s'interroger sur l'application de la nouvelle législation. D'autres ont déposé des amendements pour réviser le texte qu'ils avaient adopté voilà quatre ans. Le 20 janvier 2004, les sénateurs débattent d'un tout autre projet de loi, celui concocté par le garde des Sceaux, Dominique Perben, pour lutter contre la grande criminalité. Comme il s'agit d'une réforme du code pénal, un sénateur communiste qui était monté au créneau contre la loi Fauchon, Marie-Claude Beaudeau (Val-d'Oise), veut en profiter pour remettre le problème sur le tapis. Elle rédige et fait cosigner par tous les membres de son groupe parlementaire un amendement modifiant cette législation inique. Dans l'hémicycle du Sénat, l'élue s'en explique : « En France, les divers scandales sanitaires – je pense au sang contaminé, aux hormones de croissance, aux rejets de dioxine par les incinérateurs, aux rejets de nitrates dans l'eau, à la maladie de la vache folle, aux retombées de Tchernobyl, à la contamination lors des essais atomiques, à la contamination par l'amiante – [le sénateur ajoute même : "etc."] ont tous abouti à des non-lieux ou sont en passe de connaître le même sort. »

La raison ? « En règle générale, aucune infraction n'est relevée et les victimes ressentent les décisions des tribunaux comme une profonde injustice contribuant à aggraver les risques par l'absence d'une politique pénale de santé publique, martèle le sénateur. Pour qu'une telle politique existe, encore faut-il que les outils juridiques dont disposent les juges leur permettent de sévir, poursuit-elle. De ce point de vue, la loi du 10 juillet 2000 a aggravé la situation. Ne sont plus responsables que ceux ayant violé de façon manifestement délibérée, non pas une obligation générale de sécurité prévue par la réglementation, mais en plus une obligation particulière de prudence ou de sécurité. »

Marie-Claude Beaudeau prend un exemple pour montrer les conséquences choquantes de cette autoprotection des élus : « Cela revient à dire qu'il aurait fallu des règlements interdisant de façon précise et explicite la présence du virus du sida dans les lots de sang destinés aux transfusés pour sanctionner les responsables de leur contamination ! Le même raisonnement peut être tenu à l'égard de l'amiante, et d'autres composés cancérigènes. » Et le sénateur de conclure : « Nous proposons de supprimer le mot "particulière" qualifiant l'obligation de sécurité des employeurs, car cette formulation revient à assurer à ceux-ci l'impunité. Il est impossible qu'une loi ou un règlement particuliers existent pour chacun des cent mille produits chimiques en circulation sur le marché. Si l'on veut donner aux juges les outils d'une véritable politique pénale de santé publique, il faut donc au minimum supprimer le mot "particulière", après le mot "obligation". »

On conviendra que l'analyse, si elle ne s'attaque pas directement à la classe politique mais seulement aux chefs d'entreprise, mérite, à tout le moins, une réponse approfondie. Or le garde des Sceaux, Dominique Perben, d'ordinaire ouvert à la discussion, esquive le débat : « Le gouvernement est défavorable à cet amendement, répond-il. Le législateur est arrivé, me semble-t-il, après plusieurs tâtonnements, à un équilibre législatif qu'il ne faut pas aujourd'hui remettre en cause. »

L'opération d'autoprotection a réussi. D'ailleurs droite et gauche, sur le fond, entendent bien ne pas ouvrir le débat. On décide au nom du peuple et pour son bien. Ne faut-il pas faire le bonheur des Français malgré eux ?

8

Absolution pour les enseignants et les médecins

Les ministres, les hauts fonctionnaires, les élus locaux, les chefs d'entreprise n'ont pas été les seuls à accueillir avec faveur l'amnistie déguisée qui se dissimule derrière les nouvelles règles. Les syndicats de l'Education nationale ont par exemple eux aussi vu d'un bon œil la nouvelle législation. Rien d'étonnant quand on connaît l'affaire du Drac.

Le 4 décembre 1995, vingt-deux élèves d'une classe de CE1 de Grenoble, encadrés par leur institutrice, Véronique Rostaing, et l'accompagnatrice fournie par la ville, partent en excursion dans le lit d'une rivière des environs. Le but de la sortie est d'observer l'habitat des castors. Les enfants cheminent sur le sentier étroit qui serpente le long de la berge. Le temps est couvert et froid et la durée du jour particulièrement courte à cette période de l'année. Le petit chemin rejoint une plage de galets et s'enfonce entre des étendues d'eau et des îlots de végétation. Soudain, des flots surgissent avec une rare violence. On a ouvert les vannes d'un barrage EDF situé en amont. L'accompagnatrice crie : « Ils ouvrent les... », mais n'a pas le temps de terminer sa phrase, elle est emportée. Les enfants hurlent de terreur et sont renversés. Les pierres, mouillées, deviennent très glissantes et de nombreux enfants n'arrivent pas à tenir debout. Certains parviennent à se réfugier sur un îlot épargné par les eaux, mais d'autres sont emportés. Six enfants de 7 ans et l'accompagnatrice de la ville périssent noyés. Certains écoliers arrivent à regagner la berge et préviennent le chauffeur du car qui donne l'alerte. Arrivé en un temps record sur le lieu du drame, l'hélicoptère de la Sécurité civile sauvera in extremis plusieurs enfants.

Les résultats de l'enquête du juge d'instruction sont accablants. La justice met en lumière une « incroyable accumulation d'erreurs et de négligences », comme le soulignera la cour d'appel de Grenoble en juin 1998. EDF n'a jamais cherché à dissuader les promeneurs. Des panneaux existent, mais sont très peu nombreux. Le jour du drame, en outre, une grève nationale perturbe la production d'électricité. Pour compenser l'arrêt de certaines unités, EDF fait tourner à plein régime son usine hydroélectrique située sur le Drac. Or, sur place, les agents qui accomplissent d'ordinaire ces manœuvres ont cessé le travail. Trois cadres sans expérience les remplacent au pied levé. Sous les yeux des grévistes, ils ouvrent les vannes sans vérifier si quelqu'un se trouve dans le lit de la rivière. Les trois intéressés sont mis en examen, mais aucune enquête n'est menée sur la responsabilité pénale des agents. L'interrogation était pourtant légitime. Après le drame, un rapport du Conseil supérieur des Mines soulignera la « gravité des conséquences potentielles du comportement des agents d'EDF en cas de grève ». Pourtant, terrorisé à l'idée de paraître contester le droit de grève, le procureur de Grenoble renonce à toute investigation de ce côté. Cette dérobade sera dénoncée par la cour d'appel, qui regrettera que « l'inertie fatale des grévistes n'ait pas été pénalement examinée, afin de rechercher s'ils n'avaient pas commis une faute qu'en leur qualité de professionnels ils ne pouvaient ignorer. La cour ne peut que regretter que toutes les responsabilités n'aient pas été envisagées en temps utile ».

L'avocat général à la Cour de cassation déclarera même plus tard : « Les déclarations des employés d'EDF, affirmant qu'ils ignoraient que des classes se rendaient dans le lit du Drac, sont sujettes à caution. De telles visites étaient notoires. L'institutrice affirme avoir téléphoné à l'usine quelques heures avant l'excursion. Si une telle information a été reçue par l'un des grévistes occupant la salle des commandes de l'usine, lesquels interceptaient et filtraient les communications, il est aisé de comprendre que l'intéressé ait préféré, après l'accident, ne pas révéler l'existence d'un tel appel. »

La municipalité de Grenoble ne montre pas un sens plus aigu des responsabilités. La direction jeunesse de la ville proposait depuis plusieurs années aux écoles de la commune des moyens matériels et des agents pour organiser des classes vertes dans le lit de la rivière. Or, le juge d'instruction constatera « une absence totale de contrôle des supérieurs hiérarchiques sur ces excursions. Aucun recensement des sites visités n'a jamais été exigé, aucun compte rendu demandé, aucune consigne de sécurité édictée ». Le jour du drame, de surcroît, un des deux fonctionnaires municipaux censés guider les enfants est absente, car elle travaille à temps partiel. C'est donc deux adultes seulement qui ont conduit vingt-deux enfants vers le lit du Drac. Le maire de Grenoble, Michel Destot, et le conseiller municipal délégué à l'enfance seront mis en examen avant de bénéficier d'un non-lieu. Seule l'entité abstraite ville de Grenoble – c'est-à-dire ses habitants et contribuables ! – sera condamnée.

L'Etat est, lui aussi, gravement fautif. Le 16 novembre 1995, l'inspecteur d'académie du ministère de l'Education nationale, Marie-Thérèse M., avait donné son feu vert à cette activité, comme c'est son habitude. La demande de l'école avait pourtant de quoi inquiéter. Sous la rubrique « Objectifs éducatifs et pédagogiques », on lisait la réponse suivante : « Découverte de l'environnement local : l'eau, le barrage, les castors, les étangs. » L'institutrice répliquera pour sa défense qu'elle faisait allusion au barrage... des castors. Quoi qu'il en soit, le juge d'instruction établit que « la plus grande confusion régnait dans les services de l'Education nationale à propos des autorisations pour ce type de sorties ». Renvoyé devant le tribunal correctionnel de Grenoble, l'inspecteur d'académie sera finalement relaxé.

L'institutrice de l'école primaire Notre-Dame et sa directrice ne sont pas davantage conscientes de leurs responsabilités. A l'audience, à la question du président : « Est-ce que vous pensez avoir des torts ? », l'institutrice rescapée répond : « Non. Je n'étais qu'une accompagnatrice. » Or, c'est là une totale inversion des rôles. L'instituteur est le premier responsable de la sécurité de ses élèves. La directrice, pour sa part, qui avait autorisé la sortie, rétorque : « Personne ne m'avait alertée du danger. » En somme, personne n'est responsable de rien.

Or, dans cette affaire, la législation « sauvez-nous des juges ! » révèle une fois de plus sa nocivité. La justice avait commencé son travail avant l'adoption de la nouvelle loi. Les magistrats avaient alors recherché les responsabilités à tous les niveaux. L'institutrice avait été condamnée à deux ans de prison avec sursis, la directrice de l'école à dix-huit mois avec sursis, trois responsables d'EDF à un an de prison avec sursis et la ville de Grenoble à 500 000 francs d'amende. Dans sa décision, la cour d'appel de Grenoble a retracé toute la chaîne des responsabilités dont l'institutrice et la directrice ne constituaient que les derniers maillons. « Nous avons été impressionnés par la qualité d'analyse des origines de la catastrophe, confirme le délégué général de la Fédération nationale des victimes d'accidents collectifs, Jacques Bresson. Un drame de cette ampleur, c'est toujours une accumulation de négligences ou de fautes. Souvent, il n'y en a que deux, et il ne se passe rien. Et de temps en temps, il y en a trois, et l'irréparable se produit. » Le procès est d'ailleurs tellement humiliant pour l'Etat, que, aussitôt après l'audience, le préfet de l'Isère interdit l'accès au lit de plusieurs cours d'eau du département qui se trouvent en aval de barrages d'EDF, passant outre les protestations des maires.

Or, tout le travail de la justice va être réduit à néant par la volonté passionnée des parlementaires d'échapper à leurs responsabilités. C'est à l'occasion de cette affaire que, en février 2000, le procureur général de la Cour de cassation, Jean-François Burgelin, annonce sa volonté de stopper une « pénalisation excessive » aux Entretiens de Saintes. Le dossier présente en effet l'avantage de concentrer l'attention des médias sur des institutrices plutôt que sur des élus, même si le maire de Grenoble est mis en cause. Le tour de vis est donc plus facile à réaliser sans provoquer un tollé dans la presse. Face aux intérêts en jeu, les victimes du Drac ne pèsent pas lourd dans la balance. « Selon ce haut magistrat, la mort de nos enfants, ce serait “la faute à pas de chance”, s’indigne Marie-Fleur Mounier, qui a perdu sa fille de 7 ans. Après un tel drame, il faut un procès pénal pour déterminer les fautes et éviter de nouvelles catastrophes. La cour d’appel de Grenoble a établi que chaque maillon de la chaîne aurait pu, à son niveau, intervenir pour éviter cette tragédie. Personne n’a rien fait, tout le monde s’est déchargé sur les autres intervenants et nos enfants l’ont payé de leur vie. »

Ces paroles de bon sens n’auront aucun écho. En décembre 2000, en application de la nouvelle législation adoptée six mois plus tôt, la Cour de cassation annule la condamnation des deux institutrices et renvoie l’affaire devant la cour d’appel de Lyon. « C’est une grosse farce, monsieur le président ! » s’écrie à l’audience une des victimes, Vjekoslav Pilinger, dont le fils est mort noyé. A la sortie de la salle, il éclate : « On a brisé ma vie » et cite la fable de La Fontaine, qui pourrait servir de résumé à ce livre : « Selon que vous serez puissant ou misérable, les jugements de cour vous rendront blanc ou noir. »

Lorsque la cour d’appel de Lyon hérite du dossier six mois plus tard, c’est pour blanchir les deux institutrices. Ruinant tout le travail fait par les juges jusque-là, les bons élèves de la Cour de cassation affirment que le professeur d’école « a accompli les diligences normales d’une institutrice soucieuse de ses devoirs [*sic*]. Ni l’institutrice ni la directrice n’ont pu envisager le risque auquel étaient exposés les élèves ». C’est justement cette inconscience du danger qui leur est reprochée ! Mais la cour d’appel de Lyon applique les critères de la loi Fauchon. Au passage, les magistrats donnent une bonne leçon aux juges de Grenoble qui s'étaient montrés si sévères. « Le reproche adressé au cours des débats de n'avoir pas fait l'acquisition d'une carte est totalement irréaliste. Seules des diligences normales doivent être exigées d'une simple institutrice et non pas des initiatives relevant de la compétence d'un officier d'état-major. » Acheter une carte, quelle initiative ! On croit rêver. Après un tel sermon, quel tribunal prendra le risque de décortiquer toutes les causes d'une catastrophe ? Les magistrats de Grenoble s'étaient rendus sur place pour une reconstitution du drame, ce qui est exceptionnel au stade du procès. Ils risquent bien d'avoir été les derniers à prendre une affaire pareille à cœur.

Lors de l'audience, effarée d'une telle désinvolture, une des victimes n'y tient plus et fait observer aux juges : « C'est le quatrième procès auquel nous devons assister. » En réponse, le président de la cour, Grégoire Filidori, se croit autorisé à faire de l'ironie : « La loi a changé. Ce ne sont pas les magistrats qui ont changé la loi. Elle a été votée par un tout autre public... » S'adressant aux deux institutrices, la mère de la petite Solène, Marie-Fleur Mounier, sort de ses gonds. « C'est la quatrième fois, c'est trop. Je n'accepterai jamais que ma fille soit morte par négligence. Vous me faites vomir. » A la sortie du prétoire, un autre parent en deuil a brûlé sa carte d'électeur devant les caméras.

Aujourd'hui, le président de l'Association des familles des victimes, Pierre Valiron, n'a pas changé d'avis. Il s'inquiète surtout pour l'avenir. « Même si les condamnations ont été annulées, l'électrochoc des premiers procès avait rendu tangible l'enchaînement inacceptable des causes et donné des éléments impartiaux pour améliorer la sécurité, explique-t-il. Pour nous, c'était le plus important, nous ne réclamions pas la prison pour les responsables. Mais ceux qui connaîtront demain des drames similaires n'obtiendront pas une enquête approfondie. Le procès, s'il a lieu, s'en tiendra aux causes superficielles. »

En dix ans, de 1985 à 1995, quarante-cinq fonctionnaires de l'Education nationale avaient été mis en cause, et seulement seize condamnés, alors qu'il existe plus de sept mille collèges et lycées et un million d'enseignants. On ne nie pas pour autant qu'il y ait des difficultés. Le laisser-aller général révélé par le drame du Drac montre aussi l'incertitude où l'on est des devoirs de chacun. En 1996, un rapport du Conseil d'Etat sur la question recommande une « désignation claire de l'auteur des décisions ». Il explique : « La décentralisation, en multipliant les centres de décision, a contribué à rendre plus difficile encore la détermination de la personne publique responsable. Une clarification en ce domaine s'avère indispensable. » Elle n'a jamais eu lieu. Réfléchissant à la catastrophe du Drac, le rapport poursuit : « Les directeurs d'école primaire n'ont pas d'autorité hiérarchique sur les agents qui gèrent des activités pédagogiques comportant des risques (sports, sorties à l'extérieur de l'établissement). Ceux-ci sont mis à disposition par les communes, ce qui peut rendre incertaine l'identification des responsables en cas d'accident[1]. » « C'est pas moi, c'est l'autre, monsieur le juge ! » L'Etat s'accommode trop de cette situation pour être tout à fait innocent.

Trois ans plus tard, un nouveau rapport insiste là

où ça fait mal : « Les compétences respectives des services et de leurs agents doivent être clairement identifiées afin que chacun assume pleinement l'ensemble de ses pouvoirs comme de ses obligations. » Remarque de bon sens, dont on s'est empressé de ne tenir aucun compte. Les gouvernements successifs n'ont jamais attribué des responsabilités claires aux différents acteurs. L'Etat se résigne au morcellement. On s'accoutume ainsi à beaucoup d'insuffisances en pensant qu'elles ne prendront jamais un caractère tragique. Et, un jour, la paresse dans les bureaux entraîne des morts sur le terrain.

La sécurité des patients est aussi sacrifiée que celle des élèves. Les juges blanchissent des auteurs d'erreurs médicales qu'ils auraient condamnés avant la réforme. Un chef de service confie une femme dans le coma à un interne stagiaire. Le novice provoque un arrêt cardio-vasculaire et des lésions cérébrales irréversibles. Le chef de service irresponsable – d'abord condamné – a été absous une fois la « loi Fauchon » adoptée. Autre exemple : pendant une opération, une patiente meurt d'un arrêt cardiaque. Les experts relèvent des erreurs nombreuses. Rien à faire : le tribunal blanchit le chirurgien et l'anesthésiste qui « ne savaient pas que leur comportement créait pour le malade un danger d'une particulière gravité ». Alors tout va bien ! Certes, on trouve encore quelques affaires où les juges ne se contentent pas de sanctionner les lampistes, et remontent dans la hiérarchie administrative. Pourtant, même dans ces dossiers-là, la nouvelle loi empêche d'aller au fond des choses et d'établir les responsabilités.

Dans la soirée du 1er février 1999, le Samu amène aux urgences de l'hôpital Trousseau (Paris, 12e), reconnu dans le domaine de la pédiatrie, un enfant d'un an et demi, le petit Olivier Adjal, accompagné de sa mère. Très déshydraté, il souffre d'une gastro-entérite compliquée d'une intolérance alimentaire. L'infirmière qui l'examine commet des erreurs en remplissant son dossier. Après une nuit aux urgences, l'enfant, au lieu d'être transféré aussitôt au service de gastro-entérologie, se retrouve au service de pneumologie. Comme c'est l'heure du déjeuner, il n'est pas examiné avant l'après-midi. Le lendemain, le premier interne oublie de prescrire des pesées. Le second ne s'arrête pas à son chevet. Enfin, le soir, Olivier est confié à une aide-soignante, car les deux infirmières de garde ont décidé de se délester sur celle-ci de six des dix-huit lits qui leur incombent. La mère de l'enfant malade essaie plusieurs fois d'intervenir, mais n'est pas prise au sérieux. Le 4 février, à 5 h 30, l'équipe de nuit constate pourtant qu'Olivier est tombé dans le coma en raison d'une « déshydratation aiguë » qui semble avoir échappé à tout le service. Si plusieurs médecins se succèdent au chevet de l'enfant et multiplient les prescriptions, aucune mesure pertinente n'est prise : l'enfant meurt le 10 février 1999 d'un arrêt cardiaque, sans sortir du coma. Il aura passé neuf jours à l'hôpital. Neuf jours où il n'aura rencontré qu'indolence, négligences et incompétence.

Refusant toute transaction financière avec l'Assistance publique des hôpitaux de Paris (AP-HP), dont dépend Trousseau, Mme Adjal porte plainte pour « homicide involontaire et mise en danger de la vie d'autrui ». Son but : établir les responsabilités des différents acteurs, tirer tous les enseignements de ce drame, empêcher qu'il arrive à d'autres.

Ce mardi 3 juin 2003, devant le tribunal correctionnel de Paris, c'est l'ensemble de l'équipe médicale qui comparaît : quatre infirmières, une aide-soignante, un médecin, un étudiant en médecine, la directrice des soins infirmiers, un professeur de médecine et l'ancienne directrice de l'hôpital Trousseau. Pour la première fois depuis l'entrée en vigueur de la nouvelle législation, les juges ont donc réussi à demander des comptes à l'ensemble des responsables, malgré les obstacles posés par la loi. Le procès est très attendu, avec espoir par les associations de victimes, avec crainte par les institutions. Tous retiennent leur souffle : que va-t-il se passer ?

D'emblée, les magistrats veulent montrer qu'ils ne sont pas des ultras de la répression. « Les dix personnes qui comparaissent ici n'ont rien à voir avec des proxénètes et des trafiquants de drogue », souligne le procureur, François Gosselin. Obligeant, il ajoute : « Trousseau est un hôpital qui mérite sa renommée. » L'accumulation d'erreurs et de négligences est pourtant criante. « Est-il normal que l'enfant soit examiné par une aide-soignante et non par le médecin responsable ? » demande le président, Jean-Claude Kross. « Nous n'avons pas le temps d'être partout, répond la pédiatre, qui avait la responsabilité des cinquante lits du service, mais nous faisons scrupuleusement le point sur chaque dossier au centre de l'infirmerie. » Un jeune médecin, qui n'avait pas encore fini sa thèse, reconnaît à la barre n'avoir à l'époque que quelques notions sur la gastro-entérite. Le président, choqué par un tel flottement, souligne que la mère a toujours été présente et a essayé de signaler des anomalies sans trouver quelqu'un qui l'écoute. « Je pense qu'il y a eu effectivement un défaut de transmission des informations », répond la pédiatre.

Le constat étant accepté par tous, qui est responsable de ce désastre ? Pas les infirmières et les médecins au contact quotidien de l'enfant, qui répètent tous à la barre : « Cet enfant ne m'avait pas été signalé comme à suivre particulièrement. » Pas le directeur de l'hôpital de l'époque, qui rétorque avec hauteur aux magistrats que l'organisation des services « ne relève pas de sa compétence directe. Les chefs de service doivent s'organiser avec les moyens mis à leur disposition par l'administration ». Pas le chef de service alors en fonctions, qui égrène les « cent quarante-quatre jours de congés par an », ses « treize infirmières de jour, ses douze d'après-midi, onze et demie la nuit, je ne critique pas, je dis qu'il était impossible de les faire travailler plus de trois jours de suite ».

Bousculé par le président, chaque prévenu se défausse sur les autres, mettant en lumière les incohérences de l'organisation de l'hôpital. Va-t-on pousser le grand déballage jusqu'au bout ? Non : le directeur des affaires juridiques de l'Assistance publique, Jean-Marc Morin, ne veut pas que ce procès – que son administration aurait tant voulu éviter – devienne celui de l'institution tout entière. Alors, il a préparé un coup de théâtre. Il s'avance à la barre et déclare : « On est dans une situation d'organisation défectueuse. On a un maillon qui manque, une information qui passe mal, des consignes incomplètes. Quand une institution remarquable commet des erreurs, elle doit les assumer [...]. Il n'y a pas lieu de chercher si une personne est responsable pour les Hôpitaux de Paris. »

Faut-il comprendre que le directeur de l'Assistance publique, par la voix de son collaborateur, reconnaît sa responsabilité ? Pas du tout : il n'est pas concerné. Comme le voulait la nouvelle législation, les Hôpitaux de Paris ont été mis en examen en tant que « personne morale ». Ni M. X ni Mme Y ne sont personnellement poursuivis. La notion de « responsabilité pénale des personnes morales » était inconnue avant le nouveau code pénal de 1994. A l'époque, elle a été adoptée malgré l'avis défavorable du Conseil d'Etat qui jugeait inadmissible cette idée de responsabilité collective qui interdit l'examen du rôle des uns et des autres. L'ABC du travail des juges est de fuir ces grands mots abstraits, pour chercher, derrière eux, les seules réalités concrètes, qui sont les hommes. Or, la loi Fauchon encourage les juges à utiliser ce subterfuge confortable. C'est un joker qui permet d'arrêter les frais. Tout le monde est responsable de ce qui s'est passé, ce qui revient à dire que personne n'est responsable de rien. « Vos propos sont d'une extrême importance du point de vue juridique, répond le président du tribunal. Je n'ai plus de questions à vous poser. » Fin du débat. Et tant pis pour les victimes.

Dans son jugement, le 3 septembre 2003, le tribunal correctionnel de Paris a condamné l'ancien chef de service à six mois de prison avec sursis, l'ex-directrice de l'hôpital à cinq mois de prison avec sursis, la directrice des soins infirmiers et l'infirmière en chef à quatre mois de prison avec sursis. En revanche, l'Assistance publique a été condamnée à une peine symbolique de... 10 000 euros. Les Anglais, eux, connaissent aussi la notion de « responsabilité pénale des personnes morales », mais les juges britanniques tapent au tiroir-caisse avec des dommages et intérêts punitifs qui peuvent atteindre des millions de livres. Les parlementaires français avaient prétendu moderniser le fonctionnement de la justice en greffant dans le code pénal cette notion empruntée aux pays anglo-saxons. Or, la copie n'est fidèle à l'original qu'en apparence. En réalité, c'est un ersatz. On ne comptait que cinquante et une condamnations de personnes morales pour homicides et blessures involontaires en 1999, avant la réforme. En 2002, on en dénombrait déjà quatre-vingt-un[2]. Ce n'est pas rassurant.

D'autant que la « judiciarisation de la santé » est un mythe aussi soigneusement entretenu que le harcèlement pénal des élus locaux. Les malades seraient devenus des plaideurs acharnés. Ils porteraient plainte à la moindre anicroche, comme les Californiens accros de la chirurgie esthétique quand ils sont mécontents du résultat. La preuve ? Ce qui est arrivé en mars 1999, à l'hôpital parisien de la Pitié-Salpêtrière. Frédéric Pradier, un homme d'une quarantaine d'années, avait subi une ouverture du crâne à la suite du diagnostic d'une hémorragie cérébrale. Il meurt quelques jours après son admission, et l'autopsie révèle qu'une gangrène se serait développée à l'hôpital. Le défunt était pharmacien des hôpitaux, et sa femme est « sidérée » de n'avoir pas pu obtenir d'informations précises sur ce qui s'est passé. Elle porte donc plainte pour éclaircir les faits qui ont mené à l'infection puis au décès. Après une expertise, deux chirurgiens et trois anesthésistes sont mis en examen par un juge d'instruction pour « homicide involontaire ». Aussitôt, la profession s'alarme. Chaque année, en France, huit cent mille personnes contractent une maladie lors d'un séjour à l'hôpital et de quatre mille à neuf mille en meurent, font valoir les blouses blanches. Où va-t-on, s'alarment-ils, si tous les patients atteints de ces infections portent plainte ? Que les médecins se rassurent : l'affaire de la Pitié-Salpêtrière était la première du genre. Jamais aucun malade n'avait porté plainte après une maladie nosocomiale, ce qui montre, en réalité, la très grande modération des patients.

Les études prouvent qu'il n'y a aucune explosion des procès pour des erreurs médicales. Une enquête réalisée sur cent cliniques « médecine, chirurgie, obstétrique » du secteur privé relève soixante-six plaintes pour erreurs médicales en 1999 et soixante-deux en 2002[3]. Les procédures pénales restent très peu nombreuses et n'augmentent pas. Le risque judiciaire est très exagéré par les médecins. La psychose est entretenue par la médiatisation de quelques affaires, qui font office de miroir déformant. Et en ressassant quelques procédures contestables, on finit par oublier toutes celles qui sont légitimes. Si le marché de la responsabilité professionnelle s'emballe, si les primes d'assurances ont parfois quadruplé entre 1999 et 2002, c'est simplement que les assureurs profitent de la désinformation et de la peur des médecins pour augmenter leurs marges. Comme l'explique Jean-Louis Ceretti, militant des droits des malades et administrateur de l'Office national d'indemnisation des accidents médicaux : « Les assureurs se conduisent comme des incendiaires qui se proposeraient ensuite d'être les pompiers chargés d'éteindre le feu. » « Affirmer que la santé publique est en train de se "judiciariser" est une idée reçue », confirme le professeur Claude Got.

L'opinion ne doit pas se laisser impressionner par

le discours de certains médecins qui menacent de s'exiler à Londres si on ne les protège pas des juges, comme les maires menaçaient de ne pas se représenter aux élections si le Parlement ne modifiait pas la législation. Dans les deux cas, cette attitude a un nom : le chantage.

9

Feu vert pour les accidents de transport

S'il y a bien un domaine que l'autoprotection décrétée par les élus ne devrait pas bouleverser, c'est celui des accidents de transport. Jacques Chirac a fait de la lutte contre les « barbares de la route » une des priorités de son quinquennat. Après chaque catastrophe aérienne ou ferroviaire, les plus hautes autorités de l'Etat déclarent avec solennité : « La justice fera toute la lumière sur ce drame. Les victimes ont le droit de savoir la vérité. Une telle tragédie ne doit pas se reproduire. » Impossible, donc, que la nouvelle législation ait fait reculer la responsabilité dans ces affaires ? C'est pourtant ce qui s'est produit.

Un des carambolages les plus meurtriers de l'histoire de la sécurité routière s'est déroulé le 10 novembre 1993, sur l'autoroute A 10, à la hauteur de la commune de Mirambeau (Charente-Maritime). Le chauffeur d'un poids lourd anglais s'était garé sur la bande d'arrêt d'urgence après avoir senti qu'un pneu de sa remorque venait d'éclater. Le feu s'étant déclaré, une épaisse fumée noire se dégageait et masquait l'autoroute. C'est alors qu'un camion-citerne a pénétré dans le nuage de fumée. Son conducteur a freiné énergiquement, mais son véhicule s'est mis en travers de la voie. Un autre poids lourd est survenu à son tour et a percuté violemment la citerne qui s'est mise à brûler. Plus de quarante-cinq véhicules et six poids lourds entrent ainsi en collision en quelques minutes. Quinze personnes sont tuées sur le coup ou brûlées vives, prisonnières des carcasses de voitures. Un des survivants, Yann Méheux, reste une heure tout seul devant sa voiture carbonisée où se trouvent encore sa femme et ses enfants. On compte aussi cinquante-trois blessés, dont plusieurs handicapés à vie.

L'enquête dure huit ans. Le juge d'instruction met hors de cause le deuxième conducteur de poids lourd : les expertises ont révélé que ses freins étaient défectueux, ce qui explique qu'il n'ait pu éviter de mettre son camion en travers de la voie. En revanche, le garagiste toulousain qui avait vérifié le véhicule peu auparavant avait négligé de contrôler les freins. Il est donc mis en examen pour « homicides involontaires », puisqu'il est l'auteur indirect de la catastrophe. Or, en 2001, le magistrat est contraint d'abandonner les poursuites en application de la législation adoptée l'année précédente. Les investigations ont en effet établi que le garagiste en question n'avait pas les compétences techniques suffisantes pour contrôler les freins. Il prétendait pourtant assurer la maintenance de poids lourds. Or, cette légèreté, au lieu de l'accabler, le sauve. Depuis la loi « antiresponsabilité » de juillet 2000, l'incompétence n'est plus un tort, c'est une excuse. D'ailleurs, assure le juge d'instruction sur la foi des expertises, « ces lacunes sont assez répandues chez les garagistes non spécialisés ». Alors pourquoi faire un sort particulier à celui-ci ?

« Comment demander aux conducteurs, aux garagistes, aux concessionnaires d'être responsables, si on leur explique qu'ils bénéficient d'une loi due à la volonté des élus de se surprotéger ? » explique la figure de proue de la Ligue contre la violence routière, Geneviève Jurgensen. « Ce texte que nous n'avons pas réussi à empêcher à l'époque, c'est toujours un crève-cœur pour nous, confirme la présidente de l'association, Chantal Périchon. Nous gardons de cette affaire une grande amertume. En matière d'accidents de la route, poursuit-elle, le raisonnement tenu par les parlementaires ne vaut rien. Il n'y a pas d'auteurs directs et indirects, il y a des causes immédiates et des causes profondes. Un décideur qui n'a pas aménagé une sortie d'école ne peut accuser la fatalité si un chauffard écrase des enfants. Les institutions invoquent souvent les devoirs des automobilistes pour faire oublier les leurs. Le moyen de protection le plus efficace, c'est que les dirigeants soient tenus de rendre des comptes. »

Le précédent du garagiste « incompétent donc innocent » est de mauvais augure pour l'affaire du tunnel du Mont-Blanc, qui a fait quarante et un morts le 24 mars 1999. Après quatre ans d'enquête, le juge d'instruction, Franck Guesdon, a bouclé son dossier : quelque quatre cent mille pages, quinze CD-rom et des dizaines de rapports d'experts. Quatorze personnes sont renvoyées en correctionnelle pour « homicides involontaires » : le conducteur du camion, d'abord, qui a arrêté son véhicule en feu à l'endroit le plus dangereux, au kilomètre 6, soit à mi-chemin du tunnel, alors que le poids lourd aurait dégagé de la fumée peu après être entré sous le tunnel ; Volvo, le constructeur, ensuite, qui aurait rappelé une série de camions du même type après des incendies provoqués par des explosions de turbo ; l'agent de la sécurité, Daniel Claret-Tournier, qui aurait été absent de la salle de régulation au moment du début du drame, retardant l'alerte de plusieurs minutes primordiales ; son supérieur hiérarchique, le directeur d'exploitation, le maire de Chamonix, en charge des secours, et le directeur de la société française d'exploitation du Mont-Blanc, Rémy Chardon, sont eux aussi sur la sellette. Les avocats de la défense ont déjà annoncé leur intention de se prévaloir de la nouvelle loi pour réclamer une relaxe de tous les cadres. Or, pour les familles des victimes, la responsabilité de la direction est déterminante. Le rapport réalisé par l'inspection générale de l'administration et les Ponts et Chaussées après le drame l'a mis en exergue : le seul organe commun de gestion entre les deux sociétés, française et italienne, avait pour unique objet la répartition des recettes de péages entre les deux exploitants. En trente-quatre ans, seuls deux exercices d'alerte en conditions réelles d'intervention ont été menés dans le tunnel du Mont-Blanc, en 1979 et 1989 ! Avec un sens aigu de la litote, le rapport constate que « les autorités concernées auraient dû se montrer plus exigeantes ». Une incroyable cacophonie entre Français et Italiens sur l'organisation de la ventilation semble enfin avoir constitué un élément déterminant du drame. Alors que les Français ont poussé le système d'extraction des fumées au maximum de ses possibilités, les Italiens n'ont essayé de corriger le sens de circulation de l'air que vingt minutes plus tard, contribuant à attiser les flammes sur le lieu du sinistre, puis à propager l'incendie vers les autres camions. Un des rapports d'expertise porte cette terrible accusation : « Si tout avait été fait dans le respect du règlement, il n'y aurait eu aucune victime. » Mais les avocats de la défense ont déjà annoncé leur intention de se prévaloir de la nouvelle loi pour demander la fin des poursuites. Pourtant, au terme du procès prévu à Chambéry début 2005, on peut craindre que seuls quelques lampistes ne soient condamnés.

Les victimes d'accidents d'avion ne seront pas mieux traitées. Le 20 janvier 1992, un Airbus de la compagnie Air Inter à destination de Strasbourg s'écrasait sur le mont Sainte-Odile, sur le versant alsacien des Vosges. On compte quatre-vingt-sept morts et neuf blessés graves. D'après les médecins légistes, six victimes ont survécu durant deux heures après la catastrophe. Malheureusement, les secours, mal dirigés depuis Strasbourg, mettront plus de quatre heures à trouver l'appareil. Deux journalistes seront sur place avant les sauveteurs. L'enquête conduit à l'inculpation de plusieurs responsables. Le contrôleur aérien de l'aéroport de Strasbourg aurait commis des erreurs en guidant l'appareil, l'amenant à voler trop bas et à se détourner de l'axe de la piste. Le directeur général de l'aviation civile, un haut fonctionnaire du ministère des Transports, ainsi que le chef du service de la formation aéronautique auraient élaboré une procédure d'approche vers la capitale alsacienne beaucoup trop dangereuse. En outre, l'administration aurait fermé les yeux sur les lacunes de l'équipement radar de la tour de contrôle.

Or, douze ans après, le procès n'a toujours pas eu lieu. « C'est comme le scandale du sang contaminé ;

responsables, mais non coupables ! » s'indigne le président de l'association des victimes de la catastrophe, Alvaro Rendon, un directeur de recherche au CNRS qui a perdu sa femme lors du drame. Depuis 1995, huit rapports judiciaires ont été réalisés. En 1997, dans une ordonnance de trois cent cinquante pages, le juge d'instruction, François Guichard, avait demandé le renvoi en correctionnelle de la quasi-totalité des suspects mis en cause cinq ans plus tôt. Mais la bataille des experts, combinée à la lenteur de la justice, a encore retardé le moment d'organiser un procès. L'Etat et l'industrie aéronautique d'un côté, une poignée de victimes sans influence de l'autre : c'est le pot de fer contre le pot de terre.

Il ne manquait plus que l'occasion de porter le coup de grâce. Quand les sénateurs adoptent la loi « sauvez les maires », les victimes du mont Sainte-Odile perçoivent tout de suite le piège qui se met en place. Me Michel Ney, leur avocat, dénonce dès avril 2001 « un texte taillé sur mesure pour étouffer notre affaire[1] ». Il exagère. Les politiques n'avaient aucun intérêt personnel à vouloir saborder les poursuites judiciaires sur cette catastrophe. En revanche, les élus ont été indifférents à ce risque, ce qui est à peine moins inquiétant. « Les conditions posées par cette loi pour inquiéter des dirigeants sont tellement irréalistes qu'on risque un non-lieu général poursuit Me Michel Ney. Un avion s'est écrasé à trente kilomètres de la capitale de l'Europe, et nous ne saurons jamais pourquoi ». Un déni de justice d'autant plus choquant que la catastrophe du mont Sainte-Odile n'est pas un cas isolé.

D'autres affaires, moins médiatisées, sont enterrées actuellement avec une admirable discrétion. En mars

2004, la Cour de cassation a ainsi rejeté les plaintes déposées après la collision aérienne de Quiberon (Morbihan) qui avait fait quinze morts en juillet 1998[2]. Le procès de cette catastrophe n'aura pas lieu.

Il arrive enfin que la nouvelle législation fragilise le dossier en rallongeant des délais déjà insupportables. Les familles des marins disparus dans le naufrage du chalutier *Snekkar Artic* en savent quelque chose. Ce navire construit à Dieppe en 1985 a sombré dans la nuit du 20 au 21 février 1986, au large de l'Ecosse, causant la mort de dix-sept personnes. Après sept ans d'enquête laborieuse et un premier procès, la cour d'appel de Rouen a condamné pour homicides involontaires le président de l'entreprise ayant construit le navire et le représentant de la commission de visite technique qui avait délivré le permis de navigation[3]. Les investigations avaient en effet établi que l'un et l'autre étaient gravement fautifs. Or, le 20 mars 2001, en raison de l'entrée en vigueur de cette loi d'un autre temps, la Cour de cassation a annulé les deux condamnations et renvoyé le dossier devant la cour d'appel de Paris, qui a blanchi les deux prévenus en janvier 2003. Les veuves des marins ont attendu dix-sept ans pour apprendre que, tout bien réfléchi, personne n'est responsable de rien !

Lorsqu'ils héritent de ce genre de dossiers où les investigations s'apparentent à un parcours du combattant, certains juges d'instruction tiennent bon et font leur travail par sentiment du devoir. D'autres, en revanche, se découragent et disent aux victimes, avec plus ou moins de tact : Cela ne sert à rien d'enquêter. Il n'y aura jamais de procès.

La lutte contre les risques d'accidents est un effort sans fin. On pourrait penser que les grandes entreprises de transport, instruites par les catastrophes du passé et les nouvelles exigences de l'opinion, font de la sécurité leur priorité. En réalité, c'est loin d'être toujours le cas. La SNCF n'a pas installé de système de ventilation dans les tunnels traversés par les rames des TGV. Même le plus récent, celui de Marseille, achevé en 1998 à l'entrée nord de la ville pour la ligne nouvelle du TGV-Méditerranée, n'est doté d'aucun dispositif d'extraction des fumées. Avec ses sept mille huit cents mètres, c'est pourtant le plus long de tous les tunnels ferroviaires du pays. L'Institut national de l'environnement et des risques industriels a mené une étude technique précise sur les conséquences d'un incendie sur ce site. Sa conclusion est sans appel : en trente minutes, temps minimum avant l'arrivée sur place des premiers secours, toutes les personnes se trouvant dans une zone allant jusqu'à mille sept cents mètres du sinistre auront respiré une dose mortelle de gaz chlorés émis par le foyer. « Chaleur, fumée, gaz toxiques : tout le monde est mort », résume froidement un expert. Face à un incendie en milieu clos, il faut maîtriser les fumées à tout prix. C'est la base. Sous le mont Blanc, en sept minutes, l'atmosphère dans le tunnel était devenue mortelle[4]. »

La SNCF a bien sûr conscience qu'un incendie provoquerait des centaines de morts. Mais l'entreprise a une réponse simple : les TGV ne peuvent pas brûler. Une assurance qui rappelle celle de l'état-major français en 1940, quand il affirmait que les Ardennes étaient infranchissables pour les blindés allemands. Comment peut-on exclure par principe que le feu se déclare après un accident de la motrice ou un attentat à la bombe ? « La SNCF nous dit que les TGV ne brûlent pas, poursuit l'expert. Les responsables du téléphérique autrichien de Kaprun, qui a brûlé dans un tunnel en novembre 2000, causant la mort de cent cinquante-cinq personnes, disaient la même chose. » Dans ce sinistre, ce sont les anoraks et les produits emportés par les passagers, comme de petites bonbonnes de gaz, qui avaient nourri le feu et émis les fumées les plus toxiques. « Il se passerait la même chose dans un TGV, analyse l'ingénieur. Combien de matières synthétiques dans les valises, les sacs de voyage, les effets personnels ? Combien d'aérosols inflammables ? Une seule bouteille d'eau minérale dégage en brûlant quinze litres de vapeur d'acide chlorhydrique. On comprend donc l'intérêt d'une bonne ventilation. »

L'expert n'est pas le seul à s'alarmer. Le 9 juin 1999, après une réunion consacrée à la sécurité du tunnel à la préfecture des Bouches-du-Rhône, le directeur de cabinet du préfet, Jean-Bernard Bobin, avait noté dans son relevé de conclusions, en guise d'avertissement à peine déguisé : « Le présupposé de la SNCF selon lequel, hormis un déraillement, le risque d'incendie est négligeable au regard des données statistiques et ne justifie pas le coût des améliorations de sécurité demandées serait inacceptable pour l'opinion publique et les victimes. » Il n'est pas sain que les dirigeants d'une entreprise prennent des décisions aussi graves en sachant que la législation les protège désormais contre des poursuites judiciaires en cas de malheur.

Les quelques avocats qui ont accès aux médias se félicitent pourtant de cette évolution, sans préciser qui sont leurs clients. « Avec la loi Fauchon, se réjouit ainsi

Me Daniel Soulez-Larivière, 80 % des affaires d'homicide involontaire devraient cesser de se juger au pénal[5]. » Le directeur du centre d'études et de recherche des accidents collectifs, Marie-France Steinlé-Feuerbach, ne partage pas sa satisfaction. « Dans tous les colloques organisés ces dernières années par les milieux judiciaires, explique-t-elle, on voit de plus en plus de participants soutenir qu'une catastrophe aérienne ou ferroviaire n'a rien à faire devant la justice pénale. Selon ces gens-là, le seul droit des victimes est une compensation financière. De mon point de vue, poursuit l'universitaire, cet état d'esprit est dangereux. Une indemnisation ne peut suppléer la recherche des responsabilités. Le droit à la vérité, le droit à la sécurité ne saurait se passer du juge. Le procès où on met sur la table qui a fait quoi, quand et pourquoi, est un élément de la démocratie. »

Malheureusement, les parlementaires ont trouvé plus confortable de débrancher le signal d'alarme. Le texte qu'ils se sont voté en catimini a encore affaibli la capacité des juges à traiter des affaires complexes. « Les lois opportunistes, comme les maladies du même nom, se développent sur des organismes déjà malades », souligne avec justesse le professeur Claude Got. En l'espèce, le virus inoculé à la justice par les parlementaires paralyse une institution – déjà appauvrie, lente et incapable d'instruire et de juger des dossiers lourds dans un délai raisonnable. Dans la plupart des dossiers d'accidents collectifs, l'opinion n'aura jamais accès à une information incontestée. En évitant les procès, ou en n'autorisant que l'examen des causes superficielles du drame, les institutions en cause reprennent le contrôle de l'information qu'elles avaient dû abandonner à la connaissance de tous. Les groupes de pression concernés pourront continuer à mentir.

10

Le calvaire des victimes

Un dramatique accident vient de se produire dans un tunnel près de chez nous. Deux camions circulant en sens inverse se télescopent. Un incendie se déclare et interdit tout accès aux secours. Onze personnes trouvent la mort, provoquant une vive émotion dans le pays. La police mène une enquête minutieuse, les experts décortiquent les causes du drame. En un an, le dossier est bouclé. La justice convoque la presse et rend public un rapport exhaustif sur les raisons de la tragédie, intitulé « Gestion d'un désastre et responsabilité. Enseignements et propositions tirés de l'étude de l'accident ». Le rapport, mis en ligne sur Internet, s'ouvre sur une page blanche avec ces seuls mots :

« Aux victimes de la tragédie.
Afin que leur sacrifice et les larmes de leurs familles
n'aient pas été inutiles. »

Malheureusement, ce pays n'est pas la France, c'est la Suisse. L'accident en question n'est pas celui du tunnel du Mont-Blanc, mais du Saint-Gothard, le 24 octobre 2001. Chez nos voisins, la justice est au service des victimes, tout autant que de la société. Les deux missions sont perçues comme complémentaires. Il n'y a qu'en France qu'elles semblent contradictoires. Chez nous, toutes les professions qui comptent perçoivent les victimes comme des élèves dissipés qui perturbent le bon déroulement des cours, voire comme des excités aveuglés par une soif de vengeance. Pourtant, qu'il s'agisse d'un scandale de santé publique ou d'une catastrophe aérienne, ce qui frappe chez les victimes, c'est au contraire leur retenue, leur dignité et leur modération. Aucun appel au meurtre dans leurs propos, contrairement à ce qu'on se plaît à dire, mais au contraire patience et confiance envers la justice de leur pays. A tort ? On peut le penser.

Face à pareille douleur, il serait indécent d'aligner des généralités. On reste si loin du compte pour se faire une idée du drame, de la souffrance. Le tombereau d'insultes que doivent essuyer les victimes de la part des milieux judiciaires répond sans doute à la gêne qu'elles provoquent. La victime fait peur. Elle trouble une société qui veut oublier ce qu'est la violence, et évacue au plus vite ce qui perturbe son confort. « La société entière, et ses hommes politiques au premier rang, préféreraient refouler la vision de cette bande d'éclopés qui réclament des comptes, écrit Françoise Rudetzki, la présidente de SOS-Attentats. Avec nos béquilles, nos chaises roulantes, nos brûlures, nos amputations et tout ce qui ne se voyait pas mais se devinait, nous rappelions les failles de notre sécurité, le danger, la menace [1]. »

Malgré tout, dans un pays si épris d'égalité, ce dénigrement passionné des victimes garde quelque chose de mystérieux. Il évoque une attitude de seigneurs s'adressant à des sujets. En France, ceux qui prétendent savoir et décider sans les autres n'apprécient leurs concitoyens que passifs et dociles, comme les bons pauvres déférents des romans de la comtesse de Ségur. Hélas, hauts fonctionnaires, magistrats, médecins, intellectuels vrais ou supposés : tous se conçoivent comme des professions d'autorité. Ils se défient donc de ceux qui veulent prendre en main leurs propres affaires. « Le moindre corps indépendant qui semble vouloir se former sans son concours lui fait peur, écrivait déjà Tocqueville à propos de l'administration de l'Ancien Régime. Elle préfère la stérilité à la concurrence. » En prenant l'habitude de recourir au droit, les victimes montrent qu'elles n'ont plus besoin de tuteurs.

Les intellectuels diffusent ainsi pour la plupart une vulgate hostile à ceux qui ont vécu une tragédie. Un sociologue, Eric Desmons, professeur à l'université de Caen, assure que, si les survivants d'un accident collectif saisissent la justice, c'est « pour se disculper aux yeux des autres, et surtout à leurs propres yeux ». Heureusement que le bon apôtre est là pour leur apprendre ce qu'est une attitude responsable ! Une victime débarrassée de son « appétit de vengeance[2] », poursuit-il, c'est quelqu'un qui cesse de « montrer du doigt un persécuteur » et de réclamer d'« être parfaitement protégé ». Habituées à ces vaticinations, les victimes d'accidents collectifs ont toutes la même réponse : « On souhaite à ces gens de n'avoir aucune victime dans leur entourage. »

Les avocats, souvent, ne sont guère plus nuancés. Beaucoup perçoivent les victimes comme des démagogues qui veulent couper des têtes pour apaiser leur douleur. « L'opinion publique, chassez-la du prétoire, cette gueuse, cette intruse, cette prostituée qui tire le juge par la manche ! s'exclamait déjà l'avocat de Landru, Moro-Giafferi, lors de ce procès resté dans les annales. C'est l'opinion publique, qui, au pied du Golgotha, tendait les clous au bourreau, c'est elle qui applaudissait aux massacres de Septembre, c'est elle qui dansait la farandole devant l'échafaud de Marie-Antoinette, c'est elle qui, un siècle plus tard, crevait du bout de ses ombrelles les yeux des communards blessés ! » On se raconte encore, dans les prétoires, ce bel effet de manches.

Le calvaire des victimes est encore aggravé par le fonctionnement de la machine judiciaire. En France la justice est d'abord au service de l'Etat. La loi ne demande pas aux magistrats de réparer le tort qu'un plaignant a subi, mais de sanctionner des infractions au nom de la société. Si les deux notions sont voisines, elles ne coïncident pas toujours. Le réflexe des juges est souvent d'écarter les plaintes qui mettent en cause le fonctionnement de l'Etat. Le principe de l'« opportunité des poursuites » permet aux procureurs de refuser d'enquêter sans avoir à se justifier autrement qu'en cochant une case sur un formulaire.

Les premières requêtes de victimes dans l'affaire du sang contaminé ont été « classées sans suite » par le parquet de Paris. On pourrait presque dire que, pour l'appareil judiciaire, l'affaire du sang contaminé n'était pas une atteinte à l'ordre public. Les victimes sont obligées de « se constituer partie civile » pour contraindre le parquet à réagir. C'est ainsi qu'ont commencé toutes les investigations sur les scandales de santé publique. Encore faut-il pouvoir avancer une somme d'argent non négligeable – jusqu'à

2 000 euros – qu'on appelle la « consignation ». Les juges d'instruction l'utilisent pour dissuader les plaignants dont ils veulent se débarrasser.

Pourtant, le seul fait de permettre aux victimes de se constituer partie civile provoque des polémiques à peine croyables. Si cela ne tenait qu'à certains magistrats et avocats, ce droit aurait été supprimé depuis longtemps. L'inévitable Me Soulez-Larivière fulmine à longueur d'article contre « cette dictature des victimes sur le déclenchement de l'action publique[3] ». Dans la revue *Justices – Journal officiel* des milieux judiciaires – on trouve cette perle : « La pénalisation de la vie collective s'explique par l'attitude des victimes et de leurs avocats. Si la voie pénale est choisie, c'est parce que l'expertise ne coûte rien. Cela ne coûte rien de saisir le juge pénal, de se faire fabriquer la preuve [*sic*]. Les victimes trouvent à leur disposition une procédure pénale brutale, mais économique. » Comme il s'agit d'un service public, en effet, il a le tort d'être à peu près gratuit. D'où la question franche de l'intéressé dans la revue : « Sommes-nous en mesure de modifier la procédure pénale ? »

Une idée reçue veut que seule la France reconnaisse aux victimes le droit de forcer la main des procureurs. C'est faux. Plusieurs de nos voisins permettent à tout citoyen de déclencher une enquête, sans même avoir à justifier un intérêt personnel à l'appui de sa plainte. Les Espagnols considèrent ce droit comme tellement essentiel qu'ils l'ont inscrit dans la Constitution[4]. Cette procédure est largement utilisée de l'autre côté des Pyrénées, et les plaintes dirigées contre les « décideurs publics » sont assez nombreuses, sans plonger pour autant l'Espagne dans le chaos.

Une fois l'enquête déclenchée, les victimes doivent encore affronter la lenteur désespérante de la procédure. Etre une victime, c'est d'abord attendre. Attendre un rendez-vous avec un juge d'instruction – quand il accepte de la recevoir – pour apprendre que l'enquête durera dix-huit mois, peut-être davantage. Puis plus rien pendant des mois ou des années. S'y ajoutent la morgue ou la maladresse de nombreux magistrats. Un juge spécialisé dans l'aide aux victimes avait ainsi coutume de dire à celles-ci, quand la mort de leur enfant était due à une négligence d'un enseignant : « Dans votre malheur, vous avez de la chance : vous avez la Macif. » Les victimes hésitent d'ailleurs à accepter une transaction financière, de peur de s'entendre dire par l'avocat de la défense, à l'audience : « De quoi vous plaignez-vous ? Vous avez été indemnisés. »

En réalité, dans la plupart des cas, les victimes ne portent pas plainte pour toucher un chèque, mais pour une raison triviale que les élus ont peut-être du mal à comprendre : savoir ce qui s'est passé. Or, seul le juge d'instruction, accompagné des policiers ou gendarmes, peut récupérer, dans les tiroirs de la République, des notes, des courriers, des comptes rendus de réunions interministérielles, annotés par les ministres eux-mêmes ou leurs collaborateurs, et destinés à demeurer secrets. « Sans l'accès à la justice pénale, l'efficacité de ses procédures, ses débats publics et contradictoires, bien des sujets intéressant le citoyen seraient restés secrets, souligne une magistrate à la Cour des comptes, Laurence Engel. Le tribunal présente des vertus démocratiques que les autres institutions de la République sont devenues bien en mal de respecter. » Le président de l'Association française des hémophiles, Edmond-Luc Henry, renchérit : « La voie pénale est la seule qui permette de rechercher les causes et les responsabilités dans un accident. Le procès permet d'aller au fond des choses, de mettre en évidence tous les comportements qui ont conduit à l'accident, de dégager toutes les responsabilités, sans en inventer, mais sans en occulter. La justice contraint ainsi les dirigeants à être plus vigilants à l'avenir, et favorise un souci de sécurité qui n'existe pas dans certains secteurs. »

Au moment des débats parlementaires, les élus ont éludé la difficulté en assurant que les victimes pouvaient saisir les tribunaux civils. « La logique n'est pas du tout la même, s'insurge le président du comité anti-amiante de l'université de Jussieu à Paris, Michel Parigot. Au pénal, les juges recherchent la vérité et les personnes suspectées rendent des comptes ; au civil, les magistrats évaluent le préjudice subi puis les responsables sortent leur chéquier en disant : "Combien ?" Le juge civil n'est pas un juge d'instruction. Il n'a pas le droit de mener une enquête, de convoquer des individus à une audition, de réaliser des perquisitions. Il fixe le montant de l'indemnisation, un point c'est tout. » « La justice civile est incapable de se substituer à la justice pénale pour faire la lumière sur les faits, soupire le professeur Claude Got. Si les élus avaient été sincères, ils l'auraient réformée avant de bouleverser le code pénal. »

Ce n'est pas tout. Au civil, les frais de recherche et d'enquête, souvent énormes, sont entièrement à la charge de la victime. Si celle-ci veut une expertise, elle doit la payer d'avance et cash. Autant dire que beaucoup doivent renoncer. L'enlisement par le temps se double donc de la dissuasion par l'argent.

Même pour obtenir de simples dommages et intérêts, le juge pénal est leur seul espoir. « Dans l'affaire de l'hormone de croissance, le procès civil n'aurait jamais eu lieu sans l'enquête pénale », confirme la présidente de l'Association des victimes de l'hormone de croissance, Jeanne Goerrian. Un magistrat à la Cour de cassation, Serge Petit, explique l'impasse actuelle : « Depuis la nouvelle législation, le juge pénal dit : Je ne peux pas agir, allez au civil. Et le juge civil répond : Je ne peux condamner à payer des dommages et intérêts que les auteurs directs de l'accident. Résultat, dans l'affaire du Drac, les familles des victimes n'ont pas eu un euro ! » C'est à peine croyable, mais telle est la situation.

Face à un tel déni de justice, les victimes, regroupées en associations, trouvent encore le courage d'œuvrer en faveur de la sécurité et de la prévention, afin que le drame qu'elles ont vécu n'arrive pas à d'autres. Les familles du Drac ont réalisé un travail remarquable avec EDF pour améliorer la sécurité des barrages. Les victimes de la gare de Lyon, en 1988, ont obtenu de la SNCF des progrès très significatifs pour éviter de nouvelles catastrophes. Les parents des enfants morts ensevelis dans l'avalanche des Orres ont réussi à faire réviser la circulaire « Sorties scolaires ». Désormais, les enseignants ont l'obligation d'organiser une réunion des parents avant une classe de neige, ce qui n'était pas le cas auparavant. Un droit à l'information préalable a été consacré. « En 1998, nous avions eu le tort de faire confiance à l'école, explique Jacques Mengelle. Les accompagnateurs avaient prévu de faire du hors-piste, et nous n'aurions jamais pensé que des professionnels pouvaient avoir un projet aussi dangereux. Si cette réunion avait eu lieu, on aurait répondu : Vous voulez faire du hors-piste ? vous êtes malades ! » De même, les associations de victimes ont lutté pied à pied pour qu'un des accompagnateurs soit tenu d'avoir un portable, afin de pouvoir appeler le 18. Ce sont aussi les efforts de la Fondation Anne-Cellier[5] et de la Ligue contre la violence routière qui ont secoué la torpeur des pouvoirs publics.

Dans le domaine médical, le bilan est particulièrement impressionnant. Le temps où le médecin se sentait autorisé à mentir à son patient est révolu. L'activisme des associations de victimes et la peur des juges ont abouti à améliorer les droits des malades avec la loi Kouchner de mars 2002. Jusqu'alors, les victimes portaient souvent plainte faute d'obtenir des informations de la part des médecins. Les juges d'instruction commençaient alors par saisir le dossier médical et le montraient au requérant. Parfois, le malade retirait sa plainte et l'affaire s'arrêtait là. Le magistrat servait donc de médiateur entre le patient et son médecin, de même qu'un député joue souvent les intermédiaires bénévoles entre les usagers et l'administration. Jean-François Mattei le confirme : « En une décennie, nous sommes passés du refus d'informer au droit de savoir. Aujourd'hui, avec l'émergence de nombreuses autres affaires – amiante, hépatite C, dioxine – et grâce à la ténacité des associations de malades, les mentalités ont profondément changé[6]. » La transparence du milieu hospitalier progresse grâce aux victimes. Le président d'une association de combat, Alain-Michel Ceretti, plaide pour la publication d'indicateurs informant les usagers de la qualité de la politique de prévention mise en place contre les maladies nosocomiales. Jean-François Mattei, alors ministre de la Santé, s'était inspiré de ses propositions mais d'une façon encore très modeste.

Seule la pression extérieure force une institution à évoluer. Il faut bien que le citoyen impose, par l'intermédiaire de la justice, les réformes que l'Etat se révèle incapable d'engager. Même le rapport commandé en 1999 par Elisabeth Guigou pour déminer le terrain avant le vote de la loi l'avait admis avec honnêteté : « Le pouvoir hiérarchique a trop longtemps refusé d'exercer ses responsabilités dans le domaine disciplinaire pour s'étonner que les citoyens recherchent d'autres sanctions par la voie pénale [7]. »

Si les victimes se tournent vers les tribunaux, d'ailleurs avec modération, c'est aussi que les autres contre-pouvoirs – Parlement, autorités administratives indépendantes comme le médiateur de la République – n'exercent pas la mission de contrôle qui est la leur. Face à la fuite générale devant les responsabilités, seuls les magistrats restent accessibles à nos concitoyens. Le juge pénal est le seul levier à la disposition des Français pour interpeller leurs dirigeants. On mesure donc l'ampleur de la régression en cours. Jadis, l'Etat ne faisait que piétiner les victimes. Aujourd'hui, il veut encore leur donner mauvaise conscience et les faire douter d'eux-mêmes. Tocqueville avait prévu ce retour en arrière : « Nous avons bien reculé du point où étaient arrivés nos pères, car nous laissons faire, sous couleur de justice, et consacrer au nom de la loi ce que la violence seule leur imposait. »

Conclusion

Ce ne sont pas les victimes qui réclament le « risque zéro », mais les élus. Les parlementaires ont inversé les rôles et se sont présentés comme une minorité opprimée qui avait besoin d'une protection particulière. Les politiques ont exploité leur avantage à fond, sans vergogne, comme un clan soudé par une passion collective : jouir paisiblement de leurs mandats comme d'un patrimoine. L'opération a parfaitement réussi. La loi proclame désormais un droit à l'ignorance pour les responsables et un choix de société a été imposé en catimini. Et tant pis pour les étrangers qui n'appartiennent pas à la tribu des élus, c'est-à-dire leurs concitoyens.

Nos livres d'histoire ont déjà décrit ce scénario. Au Moyen Age, le seigneur était censé verser son sang pour ses mandants, et en échange, l'humble foule de ses sujets lui payait l'impôt et était tenue de lui obéir. Si le noble négligeait ses devoirs, les populations étaient fondées à se plaindre. Or, au fil des siècles, la noblesse a abusé de sa position de force pour recevoir le maximum et donner le moins possible en contrepartie. La monarchie a cessé de comprendre la France parce que l'absolutisme avait isolé l'Etat de la société. Le pouvoir, à l'abri de l'obligation de s'expliquer et de la crainte de la sanction, était devenu insensible, inefficace et suffisant. A la fin du XVIIIe siècle, face à la vague montante de contestation, une peur intense a donc saisi les privilégiés. La réaction du pouvoir n'a pas été de se remettre en question mais de se raidir, rendant inévitable l'explosion finale.

Nous en sommes là. La poussée de la justice a été suivie d'une remise au pas, d'un tour de vis. Un ordre institutionnel rétrograde a été préservé. Tout cela se paie. Rien n'est plus organisé pour gêner nos dirigeants, mais rien non plus pour les aider. Les Français sentent qu'ils n'ont prise sur rien, cessent de s'intéresser aux affaires publiques, et ne sortent de leur passivité que pour se défouler dans l'isoloir ou le temps d'une émeute. Notre pays évoque toujours une société d'ordres, plutôt qu'un grand pays moderne, démocratique et libéral. La classe dirigeante a choisi de rétablir son impunité à une époque où les obligations qui pèsent sur chacun d'entre nous sont de plus en plus strictes. Elus et hauts fonctionnaires ont bâti un îlot d'irresponsabilité au milieu d'un océan qui progresse chaque jour en sens contraire. Cette désastreuse évolution de la France d'en haut rappelle fâcheusement la réaction nobiliaire sous Louis XVI : la crispation d'une caste arc-boutée sur ses avantages menacés. Croyant consolider ses privilèges, elle achève de les rendre odieux.

Annexes

1. Loi du 10 juillet 2000 tendant à préciser la définition des délits non intentionnels.

2. Non-lieu rendu le 16 décembre 2003 par le juge d'instruction du tribunal de Dunkerque dans l'affaire de l'amiante, confirmé le 15 juin 2004 par la cour d'appel de Douai.

3. Débat au Sénat sur ce non-lieu le 3 février 2004, entre Valérie Létard, sénateur de Valenciennes, et Nicole Guedj, secrétaire d'État auprès du ministre de la Justice.

1.

Loi du 10 juillet 2000 tendant à préciser la définition des délits non intentionnels

L'Assemblée nationale et le Sénat ont adopté,

Le Président de la République promulgue la loi dont la teneur suit :

Article 1er

Le troisième alinéa de l'article 121-3 du code pénal est remplacé par deux alinéas ainsi rédigés :

« Il y a également délit, lorsque la loi le prévoit, en cas de faute d'imprudence, de négligence ou de manquement à une obligation de prudence ou de sécurité prévue par la loi ou le règlement, s'il est établi que l'auteur des faits n'a pas accompli les diligences normales compte tenu, le cas échéant, de la nature de ses missions ou de ses fonctions, de ses compétences ainsi que du pouvoir et des moyens dont il disposait.

« Dans le cas prévu par l'alinéa qui précède, les personnes physiques qui n'ont pas causé directement le dommage, mais qui ont créé ou contribué à créer la situation qui a permis la réalisation du dommage ou qui n'ont pas pris les mesures permettant de l'éviter, sont responsables pénalement s'il est établi qu'elles ont, soit violé de façon manifestement délibérée une obligation particulière de prudence ou de sécurité prévue par la loi ou le règlement, soit commis une faute caractérisée et qui exposait autrui à un risque d'une particulière gravité qu'elles ne pouvaient ignorer. »

Article 2

Après l'article 4 du code de procédure pénale, il est inséré un article 4-1 ainsi rédigé :

« Art. 4-1. – L'absence de faute pénale non intentionnelle au sens de l'article 121-3 du code pénal ne fait pas obstacle à l'exercice d'une action devant les juridictions civiles afin d'obtenir la réparation d'un dommage sur le fondement de l'article 1383 du code civil si l'existence de la faute civile prévue par cet article est établie ou en application de l'article L. 452-1 du code de la sécurité sociale si l'existence de la faute inexcusable prévue par cet article est établie. »

Article 3

Dans le premier alinéa de l'article 470-1 du code de procédure pénale, les mots : « au sens des deuxième et troisième alinéas de l'article 121-3 du code pénal » sont remplacés par les mots : « au sens des deuxième, troisième et quatrième alinéas de l'article 121-3 du code pénal ».

Article 4

L'article 221-6 du code pénal est ainsi modifié :

1. Au début du premier alinéa, les mots : « Le fait de causer » sont remplacés par les mots : « Le fait de causer, dans les conditions et selon les distinctions prévues à l'article 121-3 ».

2. Dans le même alinéa, les mots : « ou les règlements » sont remplacés par les mots : « ou le règlement ».

3. Au début du second alinéa, les mots : « En cas de manquement délibéré à une obligation de sécurité ou de prudence imposée par la loi ou les règlements » sont remplacés par les mots : « En cas de violation manifestement délibérée d'une obligation particulière de sécurité ou de prudence imposée par la loi ou le règlement ».

Article 5

L'article 222-19 du code pénal est ainsi modifié :

1. Au début du premier alinéa, les mots : « Le fait de causer à autrui » sont remplacés par les mots : « Le fait de causer à autrui, dans les conditions et selon les distinctions prévues à l'article 121-3 ».

2. Dans le même alinéa, les mots : « ou les règlements » sont remplacés par les mots : « ou le règlement ».

3. Au début du second alinéa, les mots : « En cas de manquement délibéré à une obligation de sécurité ou de prudence imposée par la loi ou les règlements » sont remplacés par les mots : « En cas de violation manifestement délibérée d'une obligation particulière de sécurité ou de prudence imposée par la loi ou le règlement ».

Article 6

Au début de l'article 222-20 du code pénal, les mots : « Le fait de causer à autrui, par un manquement délibéré à une obligation de sécurité ou de prudence imposée par la loi ou les règlements » sont remplacés par les mots : « Le fait de causer à autrui, par la violation manifestement délibérée d'une obligation particulière de sécurité ou de prudence imposée par la loi ou le règlement ».

Article 7

L'article 322-5 du code pénal est ainsi modifié :

1. Dans le premier alinéa, les mots : « ou les règlements » sont remplacés par les mots : « ou le règlement ».

2. Au début du second alinéa, les mots : « En cas de manquement délibéré à une obligation de sécurité ou de prudence imposée par la loi ou les règlements » sont remplacés par les mots : « En cas de violation manifestement délibérée d'une obligation particulière de sécurité ou de prudence prévue par la loi ou le règlement ».

Article 8

Le dernier alinéa de l'article 121-2 du code pénal est ainsi rédigé :

« La responsabilité pénale des personnes morales n'exclut pas celle des personnes physiques auteurs ou complices des mêmes faits, sous réserve des dispositions du quatrième alinéa de l'article 121-3. »

Article 9

La troisième phrase du premier alinéa de l'article 706-43 du code de procédure pénale est ainsi rédigée :

« Toutefois, lorsque des poursuites pour des mêmes faits ou des faits connexes sont engagées à l'encontre du représentant légal, celui-ci peut saisir par requête le président du tribunal de grande instance aux fins de désignation d'un mandataire de justice pour représenter la personne morale. »

Article 10

I. – Le début de l'article L. 2123-34 du code général des collectivités territoriales est ainsi rédigé : « Sous réserve des dispositions du quatrième alinéa de l'article 121-3 du code pénal, le maire ou un élu municipal le suppléant ou ayant reçu une délégation ne peut être condamné sur le fondement du troisième alinéa de ce même article pour des faits... (le reste sans changement). »

II. – Le même article est complété par deux alinéas ainsi rédigés :

« La commune est tenue d'accorder sa protection au maire, à l'élu municipal le suppléant ou ayant reçu une délégation ou à l'un de ces élus ayant cessé ses fonctions lorsque celui-ci fait l'objet de poursuites pénales à l'occasion de faits qui n'ont pas le caractère de faute détachable de l'exercice de ses fonctions.

« Lorsque le maire ou un élu municipal le suppléant ou ayant reçu une délégation agit en qualité d'agent de l'Etat, il bénéficie, de la part de l'Etat, de la protection prévue par l'article 11 de la loi n° 83-634 du 13 juillet 1983 portant droits et obligations des fonctionnaires. »

Article 11

I. – Le début de l'article L. 3123-28 du code général des collectivités territoriales est ainsi rédigé : « Sous réserve des dispositions du quatrième alinéa de l'article 121-3 du code pénal, le président du conseil général ou un conseiller général le suppléant ou ayant reçu une délégation ne peut être condamné sur le fondement du troisième alinéa de ce même article pour des faits... (le reste sans changement). »

II. – Le même article est complété par un alinéa ainsi rédigé :

« Le département est tenu d'accorder sa protection au

président du conseil général, au conseiller général le suppléant ou ayant reçu une délégation ou à l'un de ces élus ayant cessé ses fonctions lorsque celui-ci fait l'objet de poursuites pénales à l'occasion de faits qui n'ont pas le caractère de faute détachable de l'exercice de ses fonctions. »

Article 12

I. – Le début de l'article L. 4135-28 du code général des collectivités territoriales est ainsi rédigé : « Sous réserve des dispositions du quatrième alinéa de l'article 121-3 du code pénal, le président du conseil régional ou un conseiller régional le suppléant ou ayant reçu une délégation ne peut être condamné sur le fondement du troisième alinéa de ce même article pour des faits... (le reste sans changement). »

II. – Le même article est complété par un alinéa ainsi rédigé :

« La région est tenue d'accorder sa protection au président du conseil régional, au conseiller régional le suppléant ou ayant reçu une délégation ou à l'un de ces élus ayant cessé ses fonctions lorsque celui-ci fait l'objet de poursuites pénales à l'occasion de faits qui n'ont pas le caractère de faute détachable de l'exercice de ses fonctions. »

Article 13

I. – Le début de l'article 11 bis A de la loi n° 83-634 du 13 juillet 1983 portant droits et obligations des fonctionnaires est ainsi rédigé : « Sous réserve des dispositions du quatrième alinéa de l'article 121-3 du code pénal, les fonctionnaires et les agents non titulaires de droit public ne peuvent être condamnés sur le fondement du troisième alinéa de ce même article pour des faits... (le reste sans changement). »

II. – Le début de l'article 16-1 de la loi n° 72-662 du 13 juillet 1972 portant statut général des militaires est ainsi rédigé : « Sous réserve des dispositions du quatrième alinéa de l'article 121-3 du code pénal, les militaires ne peuvent être condamnés sur le fondement du troisième alinéa de ce même article pour des faits... (le reste sans changement). »

Article 14

La présente loi est applicable en Nouvelle-Calédonie, en Polynésie française, dans les îles Wallis et Futuna et dans la collectivité territoriale de Mayotte.

La présente loi sera exécutée comme loi de l'Etat.

Fait à Paris, le 10 juillet 2000

Par le président de la République :
Jacques Chirac

Le Premier ministre,
Lionel Jospin

Le garde des Sceaux,
ministre de la Justice,
Elisabeth Guigou

Le ministre de l'Intérieur,
Jean-Pierre Chevènement

Le ministre de la Défense,
Alain Richard

Le ministre de la Fonction publique
et de la Réforme de l'Etat,
Michel Sapin

Le secrétaire d'Etat à l'outre-mer
Jean-Jack Queyranne

2.

Non-lieu rendu le 16 décembre 2003
par le juge d'instruction du tribunal
de Dunkerque dans l'affaire de l'amiante,
confirmé le 15 juin 2004
par la cour d'appel de Douai

COUR D'APPEL
DE DOUAI

TRIBUNAL DE
GRANDE INSTANCE
DE DUNKERQUE

CABINET DE
MADAME SOPHIE MATHE
JUGE D'INSTRUCTION

ORDONNANCE DE NON-LIEU

N° DU PARQUET : . 97/003829 .
N° INSTRUCTION : . 2/97/48 .
PROCÉDURE CORRECTIONNELLE

Nous, Sophie MATHE, juge d'instruction au tribunal de grande instance de Dunkerque.

Vu l'information suivie contre :

-M. NINOT Michel Libre
[redacted]

-M. LEFOL Jean Libre
[redacted]

-M. BRAYARD Jacques, Marcel, Clément Libre
[redacted]

-M. BETOUS Michel Libre
[redacted]

-M. GRIVES Bernard Libre
[redacted]

-SOLLAC DUNKERQUE Société
[redacted]

-M. ESCOFFET Jacques Libre
[redacted]

du(des) chef(s) de :
-> CONCERNANT M. NINOT MICHEL
ATTEINTE INVOLONTAIRE À LA VIE OU À L'INTÉGRITÉ PHYSIQUE
FAITS PRÉVUS ET RÉPRIMÉS PAR LES ARTICLES 221-6, 221-7, 221-8, 221-9, 221-10, 222-19, 222-20, 222-21 DU CODE PÉNAL
-> CONCERNANT M. LEFOL JEAN, M. BRAYARD JACQUES, MARCEL, CLÈMENT, M. BETOUS MICHEL, M. GRIVE BERNARD, S.A. SOLLAC DUNKERQUE
ATTEINTE INVOLONTAIRE À LA VIE OU À L'INTÉGRITÉ PHYSIQUE.
FAITS PRÉVUS ET RÉPRIMÉS PAR LES ARTICLES 221-6, 221-7, 221-8, 221-9, 221-10, 222-19, 222-20, 222-21 DU CODE PÉNAL.
-> CONCERNANT M. ESCOFFET JACQUES
ATTEINTE INVOLONTAIRE À LA VIE OU À L'INTÉGRITÉ PHYSIQUE
FAITS PRÉVUS ET RÉPRIMÉS PAR LES ARTICLES 221-6, 221-7, 221-8, 221-9, 221-10, 222-19, 222-20, 222-21 DU CODE PÉNAL

-M. CARPENTIER Pierre

[redacted]

-M. VERHAEGHE Michel

[redacted]

-Mme TEISSIER Maryse

[redacted]

-Mme BARBIEUX Annie ép. Veuve DUPONT

[redacted]

-Mme DOISE Isabelle

[redacted]

-Mme TEISSIER Hélène

[redacted]

Vu le réquisitoire de Monsieur le procureur de la République en date du 03 novembre 2003, tendant au non-lieu :

Vu les articles 176, 177, 183 et 184 du Code de Procédure Pénale:
Attendu que l'information a établi les faits suivants :

INSTRUCTION N° [illegible]
ORDONNANCE DE NON-LIEU page 2

Le 24 avril 1997, l'Association régionale de défense des victimes de l'amiante (A.R.D.E.V.A.) ainsi que quatre de ses adhérents déposaient plainte avec constitution de partie civile entre les mains du Doyen des juges d'instruction de DUNKERQUE du fait des conséquences médicales dramatiques d'une exposition professionnelle à l'amiante (D1 à 28).

Le 16 juin 1997, une information était ouverte contre X des chefs d'homicides et de blessures involontaires (D33). Le Juge d'instruction rendait une ordonnance d'irrecevabilité de la plainte avec constitution de partie civile de l'A.R.D.E.V.A., conforme aux réquisitions du parquet, celle-ci ne justifiant pas d'un préjudice direct et personnel différent de celui de ses adhérents, d'un statut particulier ou d'un texte spécifique l'autorisant à ester en justice pour la défense d'un intérêt collectif.

PRÉSENTATION DES PARTIES CIVILES ET DES ENTREPRISES LES EMPLOYANT.

I. MONSIEUR Pierre CARPENTIER ET MONSIEUR Michel VERHAEGHE - LA NORMED (ex-Chantiers de France).

1. Présentation de l'entreprise.

Il s'agit des anciens Chantiers de France. Cette entreprise qui avait pour vocation la construction de navires a cessé ses activités en 1989. Monsieur Pierre CARPENTIER et Monsieur Michel VERHAEGHE travaillaient dans les compartiments machines des navires en construction, lieux par définition confinés où l'amiante était utilisé pour le floquage, l'isolation, l'étanchéisation des compartiments moteurs et des cuves à fuel. L'amiante était mélangé à de la colle puis projeté, entraînant un nuage de poussières d'amiante.

2. Parties civiles.

- **Monsieur Pierre CARPENTIER** a travaillé dans l'entreprise de 1950 à 1988. A partir de 1956, il travaillait en qualité d'ajusteur des travaux dans le compartiment machines des navires.
Le 18 décembre 1997, dans le cadre de l'instruction, il était examiné par le Docteur Pierre-André FOSSE, expert près la Cour d'appel de DOUAI, qui concluait que Monsieur CARPENTIER présentait des "petites plaques pleurales calcifiées pleuro-

INSTRUCTION N° 2/97/48
ORDONNANCE DE NON-LIEU

diaphragmatiques droites (...) qu'il [était] tout à fait logique de rattacher à la longue exposition à l'amiante" (D73).

- **Monsieur Michel VERHAEGHE** a effectué l'ensemble de sa carrière de 1951 à 1988 dans cette entreprise en qualité de tuyauteur dans le compartiment machines des navires en construction.

Examiné dans le même cadre que Monsieur CARPENTIER, il présentait une symptomatologie d'irritation trachéo-bronchique intermittente et de dyspnée dans un contexte de surcharge pondérale, d'une part, et de séquelles de pleuro-pneumopathie avec fibrose pulmonaire, d'autre part. D'après l'expert, il est fort vraisemblable que les petites anomalies parentchymateuses pulmonaires droites étaient la séquelle d'une pleuro-pneumonie de 1995. Par contre, il était indiscutable que les plaques pleurales bilatérales dont certaines contenaient des calcifications étaient d'origine asbestosiques (absbseste, synonyme d'amiante) ce qui a été confirmé par le Collège des trois médecins de la région Nord Pas de Calais, jugeant que l'affection relevait du tableau 30 des maladies professionnelles (D74).

3. Gestion du problème de l'amiante.

Les deux parties civiles étaient entendues. Elles affirmaient travailler sans protection particulière et n'avoir appris la nocivité de l'amiante qu'au milieu des années quatre vingt dix (D38 et 40).

L'ensemble des collègues de travail entendus dans le cadre d'une commission rogatoire confirmait l'absence d'information et les conditions de travail (D90 à 102, D105 à 107, D111 et D114). Monsieur DUFOREAU, ingénieur de travaux - chef de service, affirmait qu'en aucun cas, il n'a été question de problèmes de santé inhérents au contact permanent de l'amiante, ni d'information par la direction, l'Inspection du travail, le service médical de l'entreprise ou le C.H.S.C.T. (D103).

Le Docteur Jean LABEGORRE a déclaré lorsqu'il a été entendu sur commission rogatoire (D166) que lorsqu'il était médecin des Chantiers de construction navale France DUNKERQUE entre 1977 et 1984, il pratiquait une visite annuelle des salariés avec radiographie pulmonaire et électrocardiographie. Il poursuivait en estimant qu'il avait alerté la direction des dangers de l'amiante oralement et par divers courriers et que cette dernière était disposée à faire le maximum, utilisant les dernières innovations permettant de limiter les dangers de l'amiante (masques, aspiration, panneaux). Ces dires étaient conformes aux déclarations de Monsieur Jacques BRAYARD, lors de son interrogatoire de première comparution (D141). Il pensait qu'en 1979, il restait une vingtaine de salariés au contact de l'amiante, salariés particulièrement surveillés par le Docteur LABEGORRE.

4. Mises en examen.

- **Monsieur Jean LEFOL** mis en examen (D134) pour avoir du 17 août 1977 à 1981, à DUNKERQUE, en tout cas sur le ressort du Tribunal de Grande Instance de DUNKERQUE et depuis temps non couvert par la prescription, involontairement porté atteinte à la vie ou à l'intégrité physique de messieurs Pierre CARPENTIER et Michel VERHAEGHE en les exposant au contact de l'amiante.
Faits prévus et réprimés par les articles 221-6, 221-7, 221-8, 221-9, 221-10, 222-19, 222-20, 222-21 du Code pénal

- **Monsieur Jacques BRAYARD** mis en examen (D141) pour avoir de 1981 à 1983, à DUNKERQUE, en tout cas sur le ressort du Tribunal de Grande Instance de DUNKERQUE et depuis temps non couvert par la prescription, involontairement porté atteinte à la vie ou à l'intégrité physique de messieurs Pierre CARPENTIER et Michel VERHAEGHE en les exposant au contact de l'amiante.
Faits prévus et réprimés par les articles 221-6, 221-7, 221-8, 221-9, 221-10, 222-19, 222-20, 222-21 du Code pénal

- **Monsieur Michel BETOUS** mis en examen (D137) pour avoir de 1983 à janvier 1988, à DUNKERQUE, en tout cas sur le ressort du Tribunal de Grande Instance de DUNKERQUE et depuis temps non couvert par la prescription, involontairement porté atteinte à la vie ou à l'intégrité physique de messieurs Pierre CARPENTIER et Michel VERHAEGHE en les exposant au contact de l'amiante.
Faits prévus et réprimés par les articles 221-6, 221-7, 221-8, 221-9, 221-10, 222-19, 222-20, 222-21 du Code pénal

II. Monsieur Daniel DUPONT - S.A. SOLLAC (ex-USINOR).

1. Présentation de l'entreprise.

Complexe sidérurgique, la S.A. SOLLAC utilisait couramment l'amiante au niveau des isolants des réfractaires de fours, des câblages électriques, des coupes-feux.

2. Partie civile.

- **Monsieur Daniel DUPONT**, décédé le 19 mars 1997 des suites d'un mésothéliome (D28), il a commencé à travailler en 1961 en qualité de maçon fumiste. Il était amené à utiliser l'amiante sous différentes formes dans sa mission d'entretien et de rénovation des fours de réchauffage. Il travaillait à la démolition et à la pose de produits réfractaires en milieu confiné jusqu'en juin 1996, date à laquelle il a appris l'affection dont il souffrait, selon son épouse Madame Annie BARBIEUX (D44). Cette dernière s'est constituée partie civile.

3. Gestion du problème de l'amiante.

Entendus sur commission rogatoire, trois employés faisant état des conditions de travail en contact direct avec les poussières d'amiante sans protection particulière (D112, 113 et 115).
Le docteur COURCOT, médecin du travail dans l'entreprise, notait (D118) qu'il était, dès 1977, sensibilisé au danger de l'amiante ; que cependant, il estime qu'il n'a jamais été véritablement destinataire de directives de la part de l'administration, ce qui était confirmé par Monsieur VAN AERDE de la C.R.A.M. (D299) et qu'il s'est souvent heurté, sur le terrain, à la difficulté de convaincre les personnels de se prémunir de risques qui leur semblaient lointains. Il affirme qu'un suivi médical incluant deux radiographies par an était proposé aux personnes les plus exposées, précisant que cet examen radiographique avait été proposé à Monsieur DUPONT.
Monsieur Jean-Marc BULKE, chef du service sécurité depuis 1995, auparavant chargé du magasin général, retraçait l'historique du traitement du problème de l'amiante dans l'entreprise (D119). En 1977, une note de service faisait état du décret du 17 août 1977, considérant que seul l'article 4 du décret (travaux occasionnels et de courte durée) concernait le personnel. En 1978, un note interne transmettait un rapport médical de l'Association technique pour la sidérurgie préconisant un suivi médical des personnels en contact avec l'amiante. En 1979, une note interne faisait état de l'arrêté du 08 mars 1979 sur la surveillance médicale de ces personnes. Il produisait, par ailleurs, des copies de procès-verbaux de prélèvements et d'analyse de poussières, copies de rapports des C.H.S.C.T. faisant allusion aux problèmes de l'amiante.

4. Mises en examen.

- **Monsieur Jacques ESCOFFET** mis en examen (D142) pour avoir du 1er janvier 1977 au 15 février 1982, à DUNKERQUE, en tout cas sur le ressort du Tribunal de Grande Instance de DUNKERQUE et depuis temps non couvert par la prescription, involontairement porté atteinte à la vie ou à l'intégrité physique de Monsieur Daniel DUPONT en l'exposant au contact de l'amiante.
Faits prévus et réprimés par les articles 221-6, 221-7, 221-8, 221-9, 221-10, 222-19, 222-20, 222-21 du Code pénal

- **Monsieur Michel NINOT** mis en examen (D135) pour avoir du 15 février 1988 à 1996 à DUNKERQUE, en tout cas sur le ressort du Tribunal de Grande Instance de DUNKERQUE et depuis temps non couvert par la prescription, involontairement porté atteinte à la vie ou à l'intégrité physique de Monsieur Daniel DUPONT en l'exposant au contact de l'amiante
Faits prévus et réprimés par les articles 221-6, 221-7, 221-8, 221-9, 221-10, 222-19, 222-20, 222-21 du Code pénal

- **S.A. SOLLAC** mise en examen (D143) pour avoir du 17 août 1977 à 1996 à DUNKERQUE, en tout cas sur le ressort du Tribunal de Grande Instance de DUNKERQUE et depuis temps non couvert par la prescription, involontairement porté atteinte à la vie ou à l'intégrité physique de Monsieur Daniel DUPONT en l'exposant au contact de l'amiante
Faits prévus et réprimés par les articles 221-6, 221-7, 221-8, 221-9, 221-10, 222-19, 222-20, 222-21 du Code pénal

III. Monsieur Jean-Pierre TESSIER - S.A.R.L. WEIZSACKER-CARRIERE.

1. Présentation de l'entreprise.

La S.A.R.L. WEIZSACKER-CARRIERE était une entreprise de fournitures industrielles parmi lesquelles figuraient les produits isolants et d'étanchéisation, à base d'amiante, contre les très hautes températures (D88).

2. Partie civile.

- **Monsieur Jean-Pierre TEISSIER**, décédé le 1er février 2000 des suites d'un mésothéliome, était employé à partir de 1963 en qualité de commercial. Il était très présent dans des locaux où l'amiante était stocké ou utilisé pour la fabrication de joints (couloirs, cave, atelier). En 1980, affecté à un lieu de travail différent, Monsieur TEISSIER était en contact moins fréquent avec l'amiante.

L'expert judiciaire requis par le Juge d'instruction concluait qu'il était "extrêmement difficile de ne pas rattacher le mésothéliome pleural gauche de Monsieur TEISSIER à une exposition très longue, de 1963 à 1980, aux fibres d'amiante" (D75).
Madame Maryse TEISSIER, ainsi que ses deux filles Madame Isabelle DOISE et Madame Hélène TEISSIER se constituaient parties civiles après le décès de leur époux et père (D164).

3. Gestion du problème de l'amiante.

Monsieur TEISSIER, lors de son audition, expliquait que l'amiante était manipulée sans conditionnement particulier, à l'exception de la bourre qui se trouvait dans des sachets plastiques. Les employés traînaient les plaques d'amiante très friables dans une cave de quatre mètres carrés sans aération déclenchant systématiquement un nuage de poussières. Il précisait qu'à la fin des années soixante dix, personne n'y prêtait attention. Il disait n'avoir appris la nocivité de l'amiante qu'en juin 1996 en même temps que la découverte de sa maladie (D46).

Les anciens dirigeants et collègues de Monsieur TEISSIER étaient entendus et confirmaient que le problème de l'amiante n'avait jamais été posé jusqu'au milieu des années quatre-vingt, qu'aucune autorité n'avait donné l'alarme (D169 et 175).
Madame WISSOCQ se souvenait qu'en 1984, les magasiniers avaient pu bénéficier de masques anti-poussières (D109).
Monsieur SCHAPMAN se rappelait qu'à partir de 1984, l'Inspection du travail avait demandé un suivi médical particulier, incluant des radiographies des poumons, pour le personnel manipulant l'amiante.

4. Mise en examen.

- **Monsieur Bernard GRIVES** mis en examen (D138) pour avoir de 1982 à 1987, à DUNKERQUE, en tout cas sur le ressort du Tribunal de Grande Instance de DUNKERQUE et depuis temps non couvert par la prescription, involontairement porté atteinte à la vie ou à l'intégrité physique de Monsieur Jean-Pierre TEISSIER en l'exposant au contact de l'amiante.

Faits prévus et réprimés par les articles 221-6, 221-7, 221-8, 221-9, 221-10, 222-19, 222-20, 222-21 du Code pénal

SUR LA PRESCRIPTION ET LA RESPONSABILITÉ DES PERSONNES MORALES.

I. LA PRESCRIPTION.

La question de la prescription des faits dans cette affaire n'est pas posée dans la mesure où la jurisprudence considère que son point de départ est l'état de consolidation des victimes, consolidation qui n'existe pas dans ce genre de maladie évolutive.

II. LA RESPONSABILITÉ DES PERSONNES MORALES.

La responsabilité pénale des personnes morales n'est possible que depuis l'entrée en vigueur du nouveau Code pénal le 1er mars 1994. S'agissant d'une loi pénale plus sévère, elle n'est pas rétroactive. Ainsi, la responsabilité de la S.A. SOLLAC, personne morale, ne peut être engagée qu'à compter du 1er mars 1994.

SUR LES INFRACTIONS NON INTENTIONNELLES.

1. LES TEXTES APPLICABLES.

L'article 221-6 du Code pénal sur l'homicide volontaire et l'article 222-19 du Code pénal sur les atteintes involontaires à l'intégrité physique d'une personne imposent que la faute remplisse les conditions fixées à l'article 121-3 du Code pénal, introduit par la loi du 10 juillet 2000.

Suite à de multiples condamnations de personnes physiques pour des infractions non intentionnelles, le législateur français a décidé de restreindre le champ d'application de la responsabilité indirecte en adoptant la loi du 10 juillet 2000, imposant de nouvelles conditions pour permettre d'engager la responsabilité indirecte de personnes physiques.

Cette loi est applicable aux faits commis antérieurement à son entrée en vigueur en application du principe de la rétroactivité *in mitius* résultant de l'article 112-1 du Code pénal qui prévoit, en effet, que les dispositions nouvelles s'appliquent aux infractions commises avant leur entrée en vigueur et n'ayant pas donné lieu à une condamnation passée en force de chose jugée lorsqu'elles sont moins sévères que les dispositions anciennes. En l'espèce, il y a donc lieu de faire application des dispositions de l'article 121-3 du Code pénal aux personnes mises en examen.

L'article 121-3 du Code pénal dispose qu'il y a délit, lorsque la loi le prévoit, en cas de faute d'imprudence, de négligence ou de manquement à une obligation de prudence ou de sécurité prévue par la loi ou le règlement, les personnes physiques qui n'ont pas causé directement le dommage, mais qui ont créé ou contribué à créer la situation qui a permis la réalisation du dommage ou qui n'ont pas pris les mesures permettant de l'éviter, sont responsables pénalement s'il est établi qu'elles ont, soit violé de façon manifestement délibérée une obligation particulière de prudence ou de sécurité prévue par la loi ou le règlement, soit commis une faute caractérisée et qui exposait autrui à un risque d'une particulière gravité qu'elles ne pouvaient ignorer.
En l'espèce, l'article 121-3 est applicable, les personnes mises en examen devant être considérées comme n'ayant pas pris les mesures permettant d'éviter une contamination des victimes par les particules d'amiante. Il est donc nécessaire de caractériser les fautes qu'elles auraient faites.

Il ressort de l'information que des erreurs ont été commises dans la gestion du problème de l'amiante dans les trois entreprises concernées, comme cela vient d'être exposé. En effet, la connaissance scientifique de la dangerosité de l'amiante est ancienne. Il existe un rapport de 1906 de Monsieur AURIBAULT, Inspecteur du travail, sur des décès consécutifs à l'inhalation des poussières d'amiante dans une filature et deux études sur les liens entre l'inhalation d'amiante et certains cancers. Cependant, la prise de conscience généralisée a été très tardive en France. Il existait des textes généraux sur les dispositifs à mettre en place pour lutter contre l'inhalation poussières diverses tels que le décret du 10 juillet 1913 (élimination par ventilation) et le décret du 13 décembre 1948 sur la mise à disposition de masques en cas d'impossibilité de mesure de protection individuelle. La question qui se pose est celle de savoir si ces erreurs peuvent être qualifiées de violation manifestement délibérée de la réglementation ou de faute caractérisée exposant autrui à un danger d'une particulière gravité qui ne pouvait être ignoré.

II. LA NATURE DE LA FAUTE.

1. Absence de violation manifestement délibérée de la réglementation.

Afin d'être en mesure d'établir l'existence ou l'absence de violation manifestement délibérée de la réglementation, il convenait de reprendre, à partir de l'ensemble des textes relatifs à l'amiante (D178 à 227), ceux imposant aux employeurs des règles particulières d'hygiène et de sécurité qu'ils auraient pu violer, en excluant les textes applicables à des entreprises ayant une activité différente de celles concernées.

De 1893 (loi du 12 juin 1893) à 1977, de nombreux textes sont intervenus dans le domaine de l'hygiène et de la sécurité (nettoyage, ventilation, équipements de protection...), sans qu'il soit fait spécifiquement mention des poussières d'amiante. Il ressort de l'information que les salariés des entreprises concernées ont déclaré que des masques de protection n'étaient pas mis à leur disposition. De l'autre côté, les docteurs LABEGORRE (NORMED), COURCOT (SOLLAC) et Monsieur SCHAPMAN (Weizsacker-Carrère) soutenaient que des masques avaient été mis à disposition, mais qu'il était difficile de faire prendre conscience du danger encourru. Le premier texte intéressant les entreprises des personnes mises en examen est l'arrêté du 11 juillet 1977 relatif à l'organisation d'une surveillance médicale spéciale des travailleurs exposés aux poussières d'amiante et deux circulaires de 1981.

En l'espèce, le Docteur Jean LABEGORRE, entendu sur commission rogatoire (D166), a déclaré que lorsqu'il était médecin des Chantiers de construction navale France DUNKERQUE entre 1977 et 1984, il pratiquait une visite annuelle des salariés avec radiographie pulmonaire et électrocardiographie. Le Docteur COURCOT pour la S.A. SOLLAC soutenait qu'il avait mis en place un suivi médical permettant aux personnes exposées de bénéficier de deux radiographies annuelles (D118). Monsieur SCHAPMAN se rappelait qu'à partir de 1984, l'Inspection du travail avait demandé un suivi médical particulier, incluant des radiographies des poumons, pour le personnel manipulant l'amiante.

Le décret du 17 août 1977 (D216) modifié en 1987, puis par le décret 92-634 du 6 juillet 1992 relatif à la mise en application de mesures particulières d'hygiène applicables dans les établissements où le personnel est exposé à l'action de l'amiante. Ce décret a fixé à deux fibres par millimètre la limite autorisée de concentration moyenne en fibres d'amiante de l'atmosphère inhalée pendant sa journée par un salarié effectuant des travaux susceptibles d'être à l'origine d'émissions de fibres d'amiante. Cette limite n'a été abaissée que dix ans plus tard et les directives européennes ont été tardivement transposée en droit français.

En l'espèce, les vérifications ont été faites dans la S.A. SOLLAC comme le prouvent les documents rapportés par Monsieur BULCKE et Monsieur VAN AERDE.

L'arrêté du 25 août 1977, modifié par l'arrêté du 8 mars 1993, relatif au contrôle de l'empoussièrement dans les établissements où le personnel est exposé à l'action des poussières d'amiante

Une série de textes est intervenue en 1996, arrêté du 14 mai 1996 relatif aux règles techniques que doivent respecter les entreprises effectuant des activités de confinement et de retrait de l'amiante, les décrets 96-445 et 446 du 22 mai 1996 modifiant les tableaux des maladies professionnelles, la loi du 28 mai 1996 (D191) instaurant la possibilité pour l'Inspection du travail de prendre toutes les mesures, y compris l'arrêt temporaire du chantier en cas d'absence de dispositif de protection dans le cadre du retrait de l'amiante et le décret du 24 décembre 1996 prévoyant l'interdiction de l'utilisation de l'amiante.

Il n'est pas contesté qu'en 1996, la prise de conscience généralisée de la nocivité de l'amiante s'appliquait aux trois entreprises.

En conséquence, il ressort de l'instruction que les personnes mises en examen ayant mis en place, notamment au niveau médical, de la prévention et de la protection, des mesures réponsant à la réglementation, même de façon incomplète ou tardive, il est impossible de démontrer le caractère manifestement délibérée d'une violation éventuelle de la réglementation.

2. <u>Absence de faute caractérisée exposant autrui à un risque d'une particulière gravité qui ne pouvait être ignorée.</u>

Malgré une prise de conscience ancienne de la dangerosité de l'amiante dans certains pays anglo-saxons, et dans quelques travaux scientifiques français et isolés, il ressort de l'information et notamment du rapport de la Cour des comptes intervenu au cours de l'année 2001 (D288) que les pouvoirs publics français ont fait le choix de l'utilisation contrôlée de l'amiante et que ce n'est qu'au milieu des années quatre vingt dix qu'un changement d'attitude est intervenu.

A titre d'illustration, lors de la Conférence internationale des organisations d'information sur l'amiante qui s'est tenue à LONDRES fin novembre 1971 (D283), l'intervenant français constatait l'absence de réglementation sur un plan national et décrivait un début de réflexion en Normandie que les pouvoirs publics n'avaient pas jugé utile d'étendre à l'ensemble du territoire national.

INSTRUCTION N° [illegible]
ORDONNANCE DE NON-LIEU [illegible]

Il ressort des décisions des juridictions administratives et notamment celles de MARSEILLE (D284, 285, 286, 287) déclarant l'Etat français responsable de la mort de salariés suite à l'inhalation de poussières d'amiante et des personnes entendues sur commission rogatoire telles que Monsieur Marc DEBACQ, Directeur adjoint de la Caisse primaire d'assurance maladie de DUNKERQUE, qu'aucune étude ou enquête n'a été diligentée par ou demandée aux services de l'Etat ou à d'autres pour vérifier les liens entre l'inhalation d'amiante et le cancer jusqu'à celle commandée à l'I.N.S.E.R.M. en 1995.

Concernant le Nord-Pas-de-Calais, il ressort de l'information que l'ensemble des pouvoirs publics n'a été sensibilisé aux dangers de l'amiante que très tardivement. La première action de la Caisse régionale d'assurance maladie Nord-Picardie est intervenue en 1985 pour les entreprises utilisant l'amiante comme matière première selon Monsieur VAN AERDE, ingénieur conseil de la C.R.A.M. Nord-Picardie. Ce n'est qu'en 1996 qu'a été lancée une action régionale coordonnée en partenariat avec les Directions régionales du travail, action ciblant diverses entreprises, celles dont les salariés étaient susceptibles d'être en contact avec des fibres d'amiante. Dans ce cadre, de multiples visites d'entreprise ont été organisées.

A DUNKERQUE, aucune enquête n'a été diligentée sur un plan local (procès-verbal audition Monsieur DEBACQ pour la C.P.A.M. et Monsieur Stanislas HEAULME de la C.R.A.M.). En 1995, une politique de prévention relative à l'amiante a été mise en place en partenariat avec la C.R.A.M., l'Inspection du travail, la médecine du travail avec des conseils verbaux et écrits donnés aux entreprises. Une première conférence a été organisée par la C.R.A.M. sur le risque amiante et sur les « bonnes pratiques » utilisées par certaines entreprises pour les industriels le 11 avril 1995. Les responsables de la SOLLAC étaient présents (procès-verbal audition de Jean CHAUDRON, ingénieur conseil C.R.A.M.).

Ce n'est qu'en 1997 qu'a été mis en place le Comité local de suivi post professionnel des salariés exposés à l'amiante.

Il ressort des différentes auditions de témoins présents dans les entreprises concernées et des interrogatoires des personnes mises en examen que malgré des visites régulières de l'Inspection du travail le problème de l'innocuité de l'amiante n'a pas été soulevé et ce ni par les services de l'Etat, ni par les délégués syndicaux, confirmant ainsi les investigations menées auprès des services de l'Etat dans le cadre de commissions rogatoires.

Par exemple, chez WEIZSAECKER ET CARRERE, le directeur des années soixante-dix et quatre-vingt, Monsieur Michel CORDIER déclarait qu'au cours de ces années, aucune information n'a été dispensée sur les dangers de l'amiante (D169).

Monsieur Jacques BRAYARD, lors de son interrogatoire de première comparution (D141) a déclaré qu'entre 1978 et 1983, aux Chantiers de France devenus NORMED, il n'avait jamais entendu l'Inspection du travail évoquer le problème de l'amiante et jamais rencontré des agents de la C.P.A.M., ce qui était confirmé par ces derniers.

En conséquence, si des erreurs ont été commises par les différentes personnes mises en examen, l'information n'a pas permis de démontrer la violation manifestement délibérée de la réglementation ou la faute caractérisée exposant autrui à un danger d'une particulière gravité qui ne peut être ignorée, élément constitutif de l'infraction d'homicide involontaire ou de blessures involontaires introduit par la loi du 10 juillet 2000. Les pouvoirs publics français ayant eux même tardé à prendre conscience de l'extrême dangerosité de l'amiante en interdisant le produit, il est impossible de caractériser le nouvel élément constitutif de la responsabilité indirecte, à savoir notamment la connaissance du risque d'une particulière gravité ou le caractère manifestement délibéré de la violation de la réglementaton et de l'imputer à des responsables pénaux d'entreprises.

Ainsi, malgré la douleur et la volonté légitime des victimes de l'amiante et de leurs proches de trouver des responsables, l'information n'a pas permis de rapporter la preuve des nouveaux éléments constitutifs des infractions d'homicides involontaires et d'atteintes involontaires à l'intégrité physique, nouveaux éléments imposés en cours d'instruction par la loi du 10 juillet 2000.

Attendu qu'il n'existe dès lors pas de charges suffisantes contre : M. NINOT Michel , M. LEFOL Jean , M. BRAYARD Jacques, Marcel, Clément , M. BETOUS Michel , M. GRIVES Bernard, SOLLAC DUNKERQUE d'avoir commis l'(les) infraction(s) susvisée(s);

Déclarons n'y avoir lieu à suivre en l'état et ordonnons le dépôt du dossier au greffe pour y être repris s'il survenait des charges nouvelles.

Fait en notre cabinet, le 16 Décembre 2003
le juge d'instruction,

Madame Sophie [illegible]ATHE

Le Greffier

Notification de la présente ordonnance a été adressée par lettre recommandée le 16 Décembre 2003 à la(aux) personne(s) mise(s) en examen et son(leurs) avocat(s)

Le greffier

Notification et copie de la présente ordonnance a été remise en main propre contre émargement au dossier le 16 Décembre 2003 à la(aux) partie(s) civile(s) et son(leurs) avocat(s)

Le greffier

3.

Débat au Sénat sur ce non-lieu le 3 février 2004, entre Valérie Létard, sénateur de Valenciennes, et Nicole Guedj, secrétaire d'Etat auprès du ministre de la Justice

Jean-Claude Gaudin, sénateur des Bouches-du-Rhône, vice-président du Sénat, président de séance : La parole est à Mme Valérie Létard, auteur de la question n° 410 adressée à M. le garde des Sceaux, ministre de la Justice.

Valérie Létard, sénateur du Nord : Monsieur le président, madame la secrétaire d'Etat, mes chers collègues, à l'heure où notre région est endeuillée par une épidémie de légionellose dont l'origine est industrielle, alors même qu'elle paie un lourd tribut à l'industrialisation massive qu'elle a connue au XXe siècle et qu'elle en supporte désormais toutes les conséquences négatives en matière de friches industrielles et de dépollution, j'ai souhaité attirer l'attention du gouvernement sur l'émotion légitime qu'a suscitée auprès des victimes de l'amiante et de leurs familles l'ordonnance de non-lieu rendue par le tribunal de grande instance de Dunkerque à la suite des plaintes déposées en 1997 par des adhérents de l'Association régionale de défense des victimes de l'amiante du fait des conséquences médicales dramatiques d'une exposition professionnelle à l'amiante. Ces plaintes datent du 26 avril 1997 ; elles ont donné lieu à l'ouverture d'une information, et l'ordonnance de non-lieu a, pour finir, été rendue le 16 février 2003. Qu'il me soit permis de souligner au passage la durée excessivement longue de cette instruction, pendant laquelle un des plaignants est, hélas ! mort des suites de sa maladie. Les attendus de cette décision reconnaissent que des erreurs ont été commises dans la gestion du problème de l'amiante dans les trois entreprises mises en cause. Ils rappellent que la connaissance scientifique de la dangerosité de l'amiante est ancienne. Il existe, en effet, un premier rapport d'un inspecteur du travail datant de 1906 sur des décès consécutifs à l'inhalation des poussières d'amiante dans une filature. Il y a de nombreuses années que l'Institut national de la consommation, pour ne citer que lui, a alerté sur la dangerosité de l'amiante. Ce problème est donc largement connu et identifié.

Or, dans sa décision de non-lieu, le juge a estimé, sur la base de la loi du 10 juillet 2000 tendant à préciser les délits non intentionnels, que l'information n'avait pas permis d'établir que les personnes poursuivies avaient « soit violé de façon manifestement délibérée une obligation particulière de prudence ou de sécurité prévue par la loi ou le règlement, soit commis une faute caractérisée et qui exposait autrui à un risque d'une particulière gravité qu'elles ne pouvaient ignorer ».

Je voudrais me faire le porte-parole dans cet hémicycle de l'indignation qu'a soulevée cette interprétation de la loi du 10 juillet 2000 auprès des personnes concernées. L'intention du législateur, lors de l'adoption de ce texte que mon éminent collègue Pierre Fauchon a eu la courtoisie d'expliciter pour la non-spécialiste du droit pénal que je suis, n'était certainement pas de permettre une exonération de responsabilités sur des questions de santé publique aussi graves que celle de l'amiante.

Cette décision étant la première dans la série des poursuites qui ont été engagées, vous comprendrez, madame la secrétaire d'Etat, que les personnes concernées lui donnent un sens tout particulier après l'avoir attendue si longtemps. Je souhaiterais savoir si cette décision qui se réfère à la loi du 10 juillet 2000 ne devrait pas déboucher sur une nouvelle réflexion sur la notion de délits non intentionnels dans le cadre des problèmes sanitaires tels que celui de l'amiante.

Jean-Claude Gaudin, sénateur des Bouches-du-Rhône, vice-président du Sénat, président de séance : La parole est à Mme la secrétaire d'Etat, à qui vous me permettrez, mes chers collègues, d'exprimer ma considération, mon estime et mon amitié, tout en lui souhaitant la bienvenue dans notre Haute Assemblée.

Nicole Guedj, secrétaire d'Etat auprès du ministre de la Justice : Je vous remercie, monsieur le président. Madame le sénateur, je comprends la déception des victimes concernées par ce dossier et de leurs familles ainsi que celle de l'Association nationale de défense des victimes de l'amiante, l'ANDEVA, qui a soutenu leur action.

Comment pourrait-il en être autrement ? Il s'agit, je l'indique pour ceux qui ne connaissent pas cette affaire, d'employés qui ont travaillé pendant plusieurs dizaines d'années sur des chantiers navals, au contact quotidien de fibres d'amiante friable utilisées pour l'isolation et l'étanchéisation de navires en construction. La poussière d'amiante ainsi inhalée a provoqué des affections respiratoires importantes et des cancers pour plusieurs d'entre eux. Deux ouvriers visés par l'instruction sont d'ailleurs décédés des suites d'un mésothéliome pleural, lié à leur longue exposition à l'amiante.

Dans ces conditions, on mesure toute la douleur des familles de ces travailleurs et tout l'espoir qu'elles ont pu mettre dans leur action en justice.

Il ne m'appartient pas de porter d'appréciation sur la motivation juridique de l'ordonnance de non-lieu rendue par le juge d'instruction dans ce dossier. Ce sera à la chambre de l'instruction de la cour d'appel de Douai, saisie de l'appel des parties civiles, d'apprécier s'il a été fait, en l'espèce, une bonne application des dispositions de la loi du 10 juillet 2000 tendant à préciser la définition des délits non intentionnels.

Toutefois, pour répondre à votre question, je tiens à rappeler la portée exacte de l'évolution législative réalisée par cette loi, afin que ne subsiste à ce sujet aucune ambiguïté.

L'esprit de la proposition de loi adoptée à l'unanimité par le Parlement, nous le savons tous parfaitement, était de limiter la pénalisation excessive et stigmatisante des faits causant un préjudice à autrui, mais dus à une simple maladresse, imprudence, inattention ou négligence.

Avec la loi Fauchon, deux hypothèses de responsabilité pénale sont désormais clairement distinguées en matière d'infractions non intentionnelles : celle de l'auteur direct de l'infraction qu'une faute simple suffit, comme auparavant, à rendre pénalement condamnable et celle de l'auteur indirect dont seule une faute caractérisée peut entraîner la condamnation.

Dans ce dernier cas, l'article 121-3 du code pénal prévoit que « les personnes physiques (...) qui ont créé ou contribué à créer la situation qui a permis la réalisation du dommage ou qui n'ont pas pris les mesures permettant de l'éviter, sont responsables pénalement s'il est établi qu'elles ont, soit violé de façon manifestement délibérée une obligation particulière de prudence ou de sécurité prévue par la loi ou le règlement, soit commis une faute caractérisée et qui exposait autrui à un risque d'une particulière gravité qu'elles ne pouvaient ignorer ».

Appliqué au cas de l'amiante, l'une des difficultés juridiques les plus fréquemment soulevées par cet article tient à l'existence assez tardive de la législation et de la réglementation propres à l'empoussièrement et à l'exposition à l'amiante, qui ne remonte qu'à 1977, alors que de nombreux travailleurs victimes, comme c'est le cas dans le dossier cité, travaillaient au contact de l'amiante depuis plus de vingt ans.

Aussi, au-delà de l'obligation légale et réglementaire, peut-on reprocher à un industriel de n'avoir pas anticipé cette réglementation en prenant conscience plus tôt du danger présenté par l'amiante selon l'état des connaissances disponibles ? Je laisse le soin à chacun d'entre vous de se faire son opinion et, bien entendu, aux juridictions celui de se prononcer sur l'analyse juridique des situations concrètes.

Personnellement, il me semble que l'équilibre trouvé avec la loi Fauchon entre le risque de condamnation pénale inadéquate et celui de déresponsabilisation des acteurs sociaux est le bon. Il ne me paraît pas souhaitable de revenir dessus.

Les importants dossiers de santé publique dont la justice pénale est désormais saisie soulèvent des problématiques spécifiques tenant pour l'essentiel au nombre de victimes, à l'ancienneté des faits, à l'évolution de la connaissance scientifique, à l'établissement des liens de causalité et à l'administration de la preuve. En revanche, les règles de responsabilité ne me semblent pas devoir être mises en cause et en aucune manière elles n'engendrent une exonération des responsabilités.

Pour conclure, je souhaite insister sur la gravité que constitue pour tous une sanction pénale quelle qu'elle soit. C'est pourquoi, en matière pénale, les conditions de responsabilité sont généralement plus strictes. C'est particulièrement vrai, vous le savez, dans le cas de l'amiante, où la jurisprudence des juridictions civiles et de sécurité sociale s'est fixée en un sens très favorable aux victimes.

Jean-Claude Gaudin, sénateur des Bouches-du-Rhône, vice-président du Sénat, président de séance : La parole est à Mme Valérie Létard.

Valérie Létard, sénateur du Nord : Je vous remercie, madame la secrétaire d'Etat, de la précision de votre réponse. Nous sommes convaincus de l'intérêt que vous portez aux victimes de l'amiante.

Mon intention était d'attirer une fois de plus l'attention du gouvernement sur la préoccupation des victimes de l'amiante face à une décision de justice qui est tout de même symbolique puisque c'est la première dans la longue série d'actions engagées depuis 1997.

Certes, il ne s'agit pas de stigmatiser telle ou telle entreprise, et loin de moi une telle intention, mais il ne faudrait pas qu'à l'avenir cette décision soit interprétée dans le sens d'une diminution de la responsabilité des uns et des autres.

De chaque côté, celui des salariés comme celui des employeurs, il y a des droits et des devoirs, mais la prévention en matière de santé dans le travail est aussi un aspect suffisamment important, en particulier dans le cas de l'amiante, pour que le gouvernement lui accorde toute sa vigilance.

Il s'agit en l'occurrence d'une décision de justice et j'ai bien compris, même si je ne suis pas juriste, qu'elle ne saurait être mise en cause. Cependant, lorsque l'on rencontre les victimes, on ne peut qu'être sensible à leur désarroi. Nous devrions un jour être capables de faire la synthèse entre ces deux aspects.

Notes

Introduction

1. Denis Salas, *Justices*, n° 2, 2000.
2. Statistiques du ministère de la Justice.

1. Quand les élites découvrent le cachot

1. La Conférence des bâtonniers regroupe tous les barreaux du pays, à l'exception de Paris.
2. Voir Michelle Perrot, *L'impossible prison, recherches sur le système pénitentiaire au XIX*[e] *siècle*, Seuil, 1980.
3. *Le Figaro*, 22 mai 1951 ; cf. *La paix des cimes, recueil de chroniques*, éd. Bartillat, 1999.
4. Georges Pompidou, *Pour rétablir une vérité*, Flammarion, 1982.
5. Sauf dans les affaires les plus graves : terrorisme, trafic de stupéfiants, criminalité organisée. L'avocat intervient alors plus tardivement au cours de la garde à vue.
6. Le « juge des libertés et de la détention » doit désormais donner son feu vert au juge d'instruction pour que celui-ci puisse placer un suspect en détention provisoire.
7. « La responsabilité pénale des agents publics en cas d'infractions non intentionnelles », Etude du Conseil d'Etat, La Documentation française, 1996, p. 31.
8. Un groupe de travail au ministère de la Justice, réunissant magistrats et représentants du ministère de l'Intérieur, rend son

rapport au garde des Sceaux de l'époque, Pierre Méhaignerie, en avril 1995. Un groupe d'étude du Sénat publie ses conclusions en juin 1995. Le Conseil d'Etat, saisi par Edouard Balladur, alors Premier ministre, fait part de ses analyses à son successeur, Alain Juppé, en juin 1996.

9. La circulaire du garde des Sceaux du 27 août 1996 précise que cette loi devait être réservée aux décideurs publics. La réforme prévoyait qu'il n'y avait pas homicide involontaire si le maire ou le haut fonctionnaire avait « accompli les diligences normales compte tenu de ses fonctions, de ses compétences, du pouvoir et des moyens dont il disposait ». Sous une apparence de bon sens, ce texte garantissait aux intéressés des règles plus protectrices que pour le commun des mortels. Le procureur était tenu de démontrer la faute d'un décideur public, alors que toute autre personne mise en cause devait prouver elle-même son innocence.

10. Jean-Paul Delevoye annoncera sa candidature à la présidence du RPR en septembre 1999. La bénédiction de Jacques Chirac se révélera finalement un handicap : les militants gaullistes lui préféreront Michèle Alliot-Marie, jugée plus indépendante, et qui sera élue le 5 décembre 1999.

11. 20 février 1999.

12. Numéro de novembre 1999.

13. 9 décembre 1999.

2. La machine à blanchir

1. Texte de la proposition de loi et rapport de la commission des lois du Sénat.

2. Article de Pierre Fauchon dans *Justices*, n° 2, Dalloz, 2000.

3. Article d'Armelle Thoraval, 4 avril 2002.

4. Sollicité par l'auteur, l'ancien Premier ministre n'a pas souhaité s'exprimer. Pour autant, la loi finalement adoptée, en juillet 2000, est restée en deçà de ce que Laurent Fabius défendait. Son intervention n'aura donc pas, en définitive, influencé la portée du texte.

5. *Le Parisien*, 5 avril 2000.

6. *Le Figaro*, 5 août 2000.

3. Ces juges aux habits trop grands pour eux

1. Cf. rapport d'activité du XXXIVe congrès du Syndicat de la magistrature, Paris, 8-10 décembre 2000.
2. *L'horreur juridique, vers une société de procès*, Plon, 2002.
3. Laurent Greilsamer et Daniel Schneidermann, *Où vont les juges ?*, Fayard, 2002.
4. *Le Figaro*, 20 décembre 2001.
5. Dépêche de l'Agence France-Presse du 28 mars 2002.
6. Un avocat des victimes, constatant que Bruno Cotte n'avait pas pris l'initiative de se déporter, a finalement déposé une requête en récusation pendant l'audience. Le haut magistrat n'a donc pas participé aux délibérations.

4. Des maires intouchables

1. *Le Figaro*, 5 août 2000.
2. Cour de cassation, arrêt du 18 juin 2002.
3. Cour d'appel de Grenoble, arrêt du 5 août 1992.
4. Marie-France Steinlé-Feuerbach, maître de conférences en droit pénal, dans le *Journal des accidents collectifs*, n° 37, octobre 2003.
5. *Le Figaro*, 13 décembre 1997.
6. Cour de cassation, arrêt du 27 novembre 2001.
7. Cour de cassation, arrêt du 6 mai 2004.
8. Rapport annuel de la Cour de cassation pour 2002, La Documentation française.
9. *Le mépris du droit*, Hachette Littérature, 2002.
10. *Libération*, 25 février 1997.

5. L'Ancien Régime de retour

1. Revue *Justices*, n° 2, Dalloz, 2000.
2. Pierre Truche, dans *L'Express*, 1er décembre 1994.
3. Cour d'appel de Bastia, arrêt du 23 janvier 1996.
4. Marc Bloch, *L'étrange défaite*, écrit entre juillet et septembre 1940.

5. *La caste des intouchables*, Dalloz, 1952, chap. 28, p. 133.

6. On reprend ici une expression de Paul Thibaud, « L'élite, le peuple, le démagogue », *Esprit*, juin 1988.

7. Laurent Joffrin, *Le gouvernement invisible. Naissance d'une démocratie sans le peuple*, Arléa, 2001.

6. Des crimes de bureau sans auteurs

1. Saint Thomas d'Aquin, *Somme théologique*, Partie I, 2, question 76 (Desclée de Brouwer) : « Il arrive que quelqu'un veuille, pour se donner la liberté de faire le mal, subir le dommage de l'ignorance. » Le commentateur précise que la raison « organise un détournement au regard de la conscience. »

2. *Les Echos*, 15 juin 2000.

3. *Journal du centre d'étude et de recherche sur les accidents collectifs*, n° 36, juillet 2003.

4. La cour d'appel de Paris a condamné, le 13 juillet 1993, le directeur du CNTS pour « tromperie sur la marchandise entraînant un danger pour la santé » ainsi que le responsable de la recherche et du développement du CNTS et un haut fonctionnaire, le directeur général de la santé, pour « non-assistance à personne en danger ». Le parquet a défendu son choix d'une qualification basse par le souci d'éviter un débat juridique long et incertain, qui a pourtant eu lieu finalement. En 1999, le deuxième procès, celui des ministres, devant la Cour de justice de la République, où il était interdit aux victimes de prendre la parole, s'est achevé par la condamnation du seul secrétaire d'Etat à la santé, Edmond Hervé. Celui-ci a aussitôt été dispensé de peine alors qu'il ne remplissait pas les conditions légales pour bénéficier de cette mesure.

5. *Le Figaro*, 27 novembre 2001.

6. *La transmission administrative du sida*, Albin Michel, 1992 ; *Le silence et la douleur*, Albin Michel, 1993.

7. Des maladies d'avenir

1. Cour d'appel de Douai, 20 décembre 2001.
2. Cour d'appel de Pau, 26 juin 2001.
3. Une première condamnation, prononcée avant l'entrée en vigueur de la nouvelle loi, a été cassée par la chambre criminelle de la Cour de cassation le 13 février 2001. L'affaire a été renvoyée à la cour d'appel de Caen, qui a relaxé le prévenu.
4. Statistiques du ministère de la Justice.

8. Absolution pour les enseignants et les médecins

1. « La responsabilité pénale des agents publics pour les délits non intentionnels », étude du Conseil d'Etat, juin 1996, La Documentation française.
2. Statistiques du ministère de la Justice.
3. *L'Express*, 11 décembre 2003.

9. Feu vert pour les accidents de transport

1. *Dernières nouvelles d'Alsace*, 11 avril 2001.
2. Cour de cassation, arrêt du 24 mars 2004.
3. Cour d'appel de Rouen, arrêt du 15 mai 1995.
4. *Le Figaro*, 6 août 2001.
5. *Libération*, 14 mars 2000.

10. Le calvaire des victimes

1. Françoise Rudetzki, *Triple peine*, Calmann-Lévy, 2004.
2. *Justices*, 2000.
3. *La justice à l'épreuve*, entretiens avec Jean-Marie Coulon, premier président de la cour d'appel de Paris, Odile Jacob, 2002.
4. Article 125 de la Constitution espagnole.
5. Fondation créée pour lutter contre l'insécurité routière, cette association regroupe des victimes d'accidents de la route

6. *Le Figaro*, 11 juillet 1999.

7. Rapport du groupe d'études sur la responsabilité pénale des décideurs publics, présidé par Jean Massot, conseiller d'Etat, La Documentation française, janvier 2000, p. 10.

Table

Composition Nord Compo
Impression BCI, septembre 2004
Editions Albin Michel
22, rue Huyghens, 75014 Paris
www.albin-michel.fr

ISBN 2-226-15159-1
N° d'édition : 22699. – N° d'impression : 043787/4.
Dépôt légal : octobre 2004.
Imprimé en France.